KB031506

사포의 향수

I giardini di Saffo
by Giuseppe Squillace
Copyright © 2014 by Carocci editore S.p.A., Roma.
The Korean language rights arranged through Icarias Agency, Seoul.
All rights reserved
Korean Translation © Sanzini Publishing Group 2016

이 책의 한국어판 저작권은 Icarias Agency를 통해
Carocci editore S.p.A.와 독점 계약한 도서출판 산지니에 있습니다.
저작권법에 의하여 한국 내에서 보호를 받는 저작물이므로
무단전재와 복제를 금합니다.

사포의 향수

고대 지중해의 풍요로운 향수 문화사

I giardini di Saffo

주세페 스퀼라체 지음 | 김정하 옮김

산지니

차례

5. 철학자와 향수

6. 동양과 서양: 향신료의 군주, 알렉산드로스

7. 향수 가게: 테오프라스토스의 연구

시작하면서

방은 화병의 신선한 꽃향기로 천천히 채워지기 시작한다. 다이아몬드 나리꽃 형태로 넓게 퍼진, 금별처럼 보이는 크리스털 화병에는 장미 다발이 가득하다. 이 모습은 보르게제 미술관의 산드로 보티첼리 그림 〈여섯 천사와 함께한 성모자〉에 나오는 성모 마리아의 뒤편을 가득 채운 꽃들을 떠올리게 한다. 그 어떤 화병도 이 모습의 우아함에는 미치지 못한다. 투명한 감옥에 갇힌 꽃들은 거의 영적인 모습으로, 또한 종교적이면서도 사랑의 헌신과도 같은 이미지를 연출한다.

-가브리엘레 단눈치오, 『기쁨(Il piacere)』

향료와 향수에 대한 학술적 관심은 아테네와 스파르타 그리고 이들이 벌였던 수많은 전쟁, 마케도니아 필립 왕이 정복한 그리스 도시들, 알렉산드로스의 아시아 원정, 헬레니즘 군주국들의 성립과 발전에 대한 전통적인 연구에 비하면 부차적인 것이었다고 해도 과언이 아니다. 하지만 다채로운 향기와 향료의 생산이나 소비 형태는 지속적으로 변화하는 문화적 환경과 정치적인 상황 그리고 사회구조에 대한 많은 정보를 제공한다.

기원전 1세기에 호메로스가 쓴 서사시를 통해서도 알 수 있듯이, 점차 늘어나는 향료와 한층 풍부한 향의 향수를 통해 얻게 되는 후각의 즐거움은 향료를 생산하는 지역에 대하여 많은 정보를 제공해준다. 향기를 추출하고 향유(香油)를 조합하는 방식 이외에도 새로운 정치권력이 등장하여 기존의 시장을 장악하고 통제할 뿐만 아니라 새로운 시장을 개척한다는 사실도 알려준다. 기원전 7~6세기 때의 독재자들이나 리디아(Lidia) 왕국의 경우에서처럼 향료와 방향제의 사용이 화려한 삶을 누리던 부유한 엘리트 계층의 권력을 반영하는 것이었다면, 기원전 5~4세기에는 해양무역을 지배하면서 그리스 세계 대부분의 전통과 관습을 선도하던 도시국가 아테네의 삶과 밀접한 관계를 가지고 있었다. 반면 기원전 3세기 이후 향료와 권력의 관계는 이집트와 시리아 같은 부유한 헬레니즘 왕국이나 권력자들과 연관되어 있었다.

학자들도 향료와 향수에 관심을 가지고 있었다. 테오프라스토스(Teofrastos, 기원전 372~288)는 향료와 향수의 다양한 형태를 연구하여 어떻게 향기를 만들어내는지 세밀하게 분석한 최초의 인물이다. 또한 그는 향료와 향수에 관한 주제를 자신의 식물학 연구에 포함시켜 향신료의 유래와 특징을 기술하고 향수 제조업자의 제조법에 관한 비밀을 밝혀냄으로써 향유를 조제하는 것은 물론 자연에 존재하지 않는 방향성 물질도 만들어낼 수 있었다. 테오프라스토스 덕분에 향료와 향수는 식물학, 윤리학, 자연학, 형이상학, 의학 그리고 정치학과 동등한 차원의 연구대상이 되었다. 이는 시간이 흐르면서 향수가 보다 세련되고 필수적인 물품으로 자리 잡아감에 따라 그리스인의 라이프스타일을 구성하는 중요한 부분이 되었다는 것을 의미한다.

이 연구를 출판함에 앞서, 테레시나 수녀님(Suor Teresina), 지지나 달폰소(Gigina D'Alfonso), 마리아 주제파 아파(Maria Giuseppa Apa), 마리아 주제파 미란테(Maria Giuseppa Mirante), 사리나 파체(Sarina Pace), 아메데아 판차(Amedea Panza), 마르타 수녀님(Suor Marta), 마리에타 리차(Marietta Rizza), 로살바 로사 리차(Rosalba Rosa Rizza), 안니발레 바푸토(Annibale Vaputo), 안토니노 팔라(Antonino Pala), 안나 미리엘로(Anna Miriello)에게 감사의 마음을 표한다.

자르브뤼켄(Saarbrücken)에서

2013년 10월 2일

서론

종교의 역사를 살펴보았을 때 향료를 가장 오래전부터 사용한 것은 그리스인이었다고 전해진다. 당시에는 신에 대한 봉헌의식과 장례의식이 종교의 영역으로 간주되었다. 향료가 결혼, 만찬 그리고 화장실 용품과 관련하여 사적인 영역에서도 사용되기 시작한 것은 시기적으로 그 이후였다.

향료와 관련된 수많은 그리스어 용어가 종교 영역에서 향료 사용이 보편화된 기간에 만들어졌다고 볼 수 있다. 종종 복수형의 티미아마타(thymiámata)로 사용되기도 했던 티미아마(thymiáma)는 신들에게 제물을 바치는 의식에서 태우던 (식물성) 방향제를 의미하였다. 즉, 이것은 향을 태워 향기를 만들어내는 것으로, 명사 티미아시스(Thymíasis)와 동사 티미아오(thymiáō)의 의미를 내포한다.

그리스인들은 냄새(osmḗ/odmḗ)를 좋은 향과 좋지 못한 향 모두를 가리키는 것으로 사용하였다. 에우오데스(euṓdes) 또는 칼레(kalḗ)와 같이 긍정적인 느낌의 형용사는 '후각적으로 좋은', '향기로운'과 '멋진'을 의미하였고,

디소데스(dysṓdēs) 또는 카케(kakê)와 같이 쓰일 경우 부정적인 느낌의 '좋지 않은', '거부하게 만드는', '나쁜'을 의미하였다고 한다.

매우 다양한 종류의 좋은 향은 전문적인 용어로 표현하였는데, 예를 들면 아로마(Árōma), 미론(Mýron), 크리스마(Chrĩsma) 그리고 디아파스마(Diaápasma)가 그것이다. 고대 그리스 시대의 작가 아테네오스(Ateneo)(『연회의 소피스트들(I sofisti a banchetto)』 제15권, 688c-d)에 따르면, 이미 호메로스가 향유를 가리키는 용어로 엘라이아(Elaía)라는 단어를 사용하던 고대에 향유에 대한 전문용어가 생겨났다(『일리아드』 제23권, 186). 반면 아르킬로코스(Archilocos)는 미론을 향수의 의미로 사용하였다(fr. 205 West).

이러한 용어들은 각자 구체적인 의미를 가지고 있었으며 향수제품의 제조와 사용을 암시하였다. 종종 아로마타(Arṓmata)의 복수형으로 사용되던 아로마는 일반적으로 좋은 향을 생산하는 물질을 의미하였으며, 미론은 향유나 꽃, 잎, 뿌리, 줄기 그리고 송진(또는 수지)에서 추출한 향 에센스를 뜻하였다. 크리스마는 몸에 바르는 방향성 오일을 의미하였다. 반면, 복수인 디아파스마타(Diaápasmata)의 형태로 사용되었던 디아파스마는 향기가 있는 가루로서, 향신료를 갈아서 만들었으며 몸에 바르거나 땀 냄새를 중화시키는 데 사용되었다.

시대가 지나면서 향에 관한 다양한 전문용어의 사용이 줄어들고, 향수라는 일반적인 용어가 쓰이기 시작했다. 그래도 유럽의 여러 언어에서는 어느 정도 다양성이 유지되었는데, 예를 들면 영어, 스페인어, 덴마크어 그리고 포르투갈어의 페르푸므(Perfume), 프랑스어의 파펌(Parfum), 독일어의 파르퓜(Parfüm), 네덜란드어의 파르퓌메런(Parfumeren) 그리고 스웨덴어의 파르퓌메라(Parfymera)가 있다. 향수라는 용어는 라틴어 페르 푸뭄(Per fumum) 또는 프로 푸모(Pro fumo)에서 기원하였으며, 이는 제단에서부터 하늘을 향해 연기로 피어오르는 제물을 의미하였다. 시대변화에도 불구하고, 향수를 뜻하는 프로푸모(Profumo)라는 어휘는 역사적으로 초기에는 이집트 문명과 여러 오리엔트 문명, 에트루스키 문명으로, 그리고 이후에는 그리스 문명을 거쳐 로마인과 서유럽의 여러 종족들로 확산되는 종교적 특징을 내포하고 있었다.

참고자료

고대 그리스에서 향수 제조와 향신료 사용에 대한 정보는 기본적으로 고고학, 비문(碑文), 문학, 이 세 부류의 자료에서 찾아볼 수 있다. 고고학 연구 덕분에 키프로스와 델로스(Delos)에서 향신료를 생산하고 향수를 만들던 오래된 가게 여럿이 발굴되었으며, 그곳에서 발견된 수많은 용기(用器)를 통해 향수를 판매하던 장소를 찾아낼 수 있었다. 그리고 몇 가지 사례를 통해서는 고대의 향수 제조술도 밝혀졌다. 비문을 통해서는 공식적인 자료, 예를 들면 기원전 288~287년 시리아의 셀레우코스 1세(Seleuco I)가 밀레토의 아폴로 디디마이온(Apollo Dydymaion) 성소에 바쳤던 향료의 정확한 수량—10달란트의 향, 1달란트의 향수지, 2미나(mine)의 계피•—, 육계나무와 그 비용 등이 밝혀졌다(『셀레우코스 1세의 서한(Lettera di Seleuco I)』, 5 Bradford Welles, 49~52줄).

고고학 자료나 비문 자료와 비교해볼 때, 문학 자료를 통해서는 향수 제조술의 비밀과 방법에 대한 세밀한 정보를 파악할 수 있었으며 또한 고대에 일반화되어 있던 '단명(短命)의 세계(Universo dell'effimero, 즉 향수의 세계)'를 복원할 수 있었다.

고대 향수 제조를 재조명하는 것은 매우 힘든 일이다. 대부분의 경우 정보는 파편적인 사실에서 유래하거나 단순한 호기심, 또는 지나친 인용의 결과 다른 주제에서 다루어진 내용 속에서 나오기 때문이다. 어떤 자료는 향료와 향수가 내적인 소비를 위해서만 생산되었다는 사실을

• 달란트는 고체를 측정하는 단위였으며 시간이 지나면서 통화의 단위로 활용되기도 하였다. 아테네의 중량체계에 있어 1달란트는 은 26.2kg이었다. 고대 그리스와 이집트의 중량단위인 미나는 역시 고대의 중량단위인 1달란트의 1/60에 해당하는 무게의 통화단위였다.

전하였으며, 철학서와 같은 다른 자료에서는 윤리적인 내용의 글을 통해 향료와 향수에 대한 이야기를 언급하였다. 향의 성격과 후각 기능에 대한 좀 더 진전된 연구는 계속되었다. 향수 제조술에 대한 연구는 향신료와 향기에 대한 내용과 더불어 제조기술에 대한 설명은 물론, 이에 얽힌 속임수와 비밀에 대한 정보도 제공하였다. 때로는 희극이나 고전에서도 향수의 쓰임이 언급되었는데, 향수가 화려한 종교의식, 만찬과 지역 관습, 왕과 왕비, 정치인과 독재자들의 몸치장에 있어 중요한 일부가 되었다는 점이었다.

이 저서의 목적은 고대 그리스 향수 제조술의 발전과정, 즉 향료의 단순한 사용에서 향수 제조술을 이용해 인공적인 향료를 만드는 것까지 모두를 망라하여 재구성해 보려는 것이다. 따라서 약이나 음식을 준비할 때 향료를 폭넓게 사용했던 의학과 식문화(요리) 영역에 대한 설명은 다음 기회를 기약하고자 한다. 여기서는 생산지역, 향료무역, 향수 제조업자, 인공 향료, 향기의 매력에 무딘 고객에 대하여 구체적인 정보를 제공하는 대표 저술과 동시대의 자료만을 연구대상으로 하고자 한다. 크고 작은 전쟁이 고대 그리스 세계의 정치 · 사회적 균형을 지속적으로 파괴하였음에도 불구하고 향수의 세계는 끊임없이 유지되고 발전되어왔다.

그 이외에도 리디아 왕국, 페르시아 제국, 고대 그리스의 아테네, 헬레니즘 시대의 알렉산드로스 제국과 이집트 그리고 시리아 왕국과 같이 정치적으로나 경제적으로 중요한 역할을 수행하던 문명을 고려한다면 로마인 또한 향수를 사용하였을 것이 분명해 보인다. 실제로 향수의 매력에 빠진 로마인은 정복된 지역, 특히 그리스로부터 향수를 수입하였다. 하지만 기원후 1세기 대 플리니우스(Plinius Caecilius Secundus)의 논쟁에서 볼 수 있듯이, 향수의 가격은 재료의 원가에 비해 매우 높았다(『자연의 역사(Storia naturale)』 제13권, 3).

1

헥터(Ettore)의 향수

암브로시아 그리고 『일리아드』와 『오디세이』의 향수

『일리아드』와 『오디세이』는 초기에는 구전의 형태로 전해져왔지만, 기원전 8~6세기 문자로 기록된 많은 서사시 중에 가장 완벽한 형태로 전해져 내려오는 작품이다. 대부분의 서사시는 신, 거인과 타이탄, 고대 그리스의 황금 돛대 신화(Argonauti)와 헤라클레스(Eracle)의 모험을 기술하거나 각 민족의 역사를 주제로 다루었다. 반면 『일리아드』와 『오디세이』는 치프리아(Cypria, 고대 그리스 서정시), 어린 일리아드(Piccola Iliade), 귀환(Ritorni), 텔레고노스(Telegonos, 실수로 아버지를 죽인 오디세우스의 아들)와 더불어 스파르타의 왕 메네라오스(Menelaos)가 트로이의 파리스(Paride) 왕자에게 아름다운 부인 헬레나를 빼앗긴 것을 복수하기 위해 그의 형 미케네의 왕 아가멤논이 일으킨

트로이 전쟁과 관련이 있다.

트로이 전쟁은 수십 년 동안 지속되었지만 결국 트로이는 '트로이의 목마'의 함정에 빠져 멸망하였다. 『일리아드』는 이 전쟁을 두고 '9년 50일 동안 지속된 아가멤논과 아킬레우스 간의 반목'이라는 간략한 문장으로 기술하였다. 아가멤논은 진영에 확산된 전염병을 막기 위해 여성노예 크리세이드(Criseide)를 트로이 주민에게 돌려보내야 하는 상황에 직면하자, 여성노예인 아킬레 브리세이드(Achille Briseide)를 강제로 범하여 자신의 여자로 만든다. 아킬레우스는 이에 분노하여 스스로 전쟁터에서 물러난다. 그러나 트로이의 왕자 헥터에 의해 파트로클로스가 죽임을 당하자 아킬레우스는 형제와도 같았던 그의 죽음을 복수하기 위해 다시 전쟁에 참가한다. 결투에서 헥터를 죽인 후에 아킬레우스는 적의 시신을 자신의 마차에 묶은 채 일리오스(Ilios) 바위까지 끌고 간다. 하지만 트로이의 늙은 왕 프리아모스의 간청을 받아들여 시신을 돌려주고 명예로운 장례식을 치를 수 있게 해준다.

이 이야기에는 치유용 발삼• 향과 화장용품 그리고 화장실용 향유로 사용된 방향성 물질에 대한 몇 가지 에피소드가 담겨 있다. 첫 번째 에피소드는 트로이의 파리스와 그리스의 메넬라오스가 벌인 결투의 내용을 담고 있는 『일리아드』 제3권에서 볼 수 있다. 이 결투로 승자는 아름

• 발삼(balsam) : 침엽수에서 분비되는 끈끈한 액체

다운 헬레나를 차지하고 싸움이 전쟁으로 확대되는 것을 막을 수 있었다. 메넬라오스가 결투에서 젊은 트로이 왕자에게 우위를 점하고 있을 때 아프로디테가 이에 개입한다. 아프로디테는 결투 장소를 심한 안개로 덮은 후 트로이의 왕자를 죽음의 위험에서 빼내 도시로 데려가 헬레나가 찾아올 침실로 인도한다(『일리아드』 제3권, 373-447). 『일리아드』에서 형용사 에우오데스(Euṓdēs)를 통해 짐작할 수 있는 향수의 일반적인 특성은 신혼부부의 내실과 연관되어 있으며, 모두 아프로디테와 관련 있는 결혼과 사랑을 상징한다는 것이다. 이러한 관계는 제14권에서도 분명하게 드러난다. 그리스인들은 아킬레우스의 도움을 기대할 수 없는 상황에서 포세이돈의 도움을 받지만 제우스의 지지를 받고 있던 트로이를 물리칠 수는 없었다. 헤라(Era)는 뿌리칠 수 없는 유혹의 무기를 이용해 제우스를 전투에 참가하지 못하게 한다. 『일리아드』의 서사시에는 향기의 전략이 다음과 같이 기술되어 있다.

> 여신 헤라는 큰 눈을 이리저리 굴리면서
> 제우스의 마음을 속일 방법을 궁리하였다.
> 마침내 여신 헤라는 좋은 계책을 마련하였는데,
> 이는 화려하게 외모를 꾸민 후에 이다 산으로 가서
> 제우스가 자신의 육체에 반해 사랑에 눈이 먼 채

달콤하고 평온한 잠에 빠져들게 하는 것이었다.
여신 헤라는 아들 에페스토스(Efestos)가 만들어놓은 신방을 향해 걸어가 비밀의 열쇠로 과거 그 어떤 신도 열 수 없었던 육중한 문을 열었다.
안으로 들어간 여신 헤라는 찬란한 두 문을 다시 닫았다.
육체의 욕망을 채우기 전에 온갖 맛있는 음식으로 긴장감을 풀었다. 달콤한 향의 기름을 온몸에 바른 여신 헤라는 사랑의 향기 그 자체나 다름없었다.
그녀는 불멸의 신 제우스의 거처에서, 그의 마음을 흔들기에 충분할 만큼의 향기를 발산할 것이었다.
여신의 육체는 향유로 빛나고 머리는 곱게 빗겨져 있었다.
여신 헤라는 아테나가 만들어준 옷을 입고 있었다. 여신이 입은 옷의 가슴 부분에서는 화려하게 수놓은 수많은 금실의 장식들이 빛나고 있었다.
그녀는 세 개의 커다란 진주가 장식되어 있는 귀걸이를 하였다.
머리에 쓴 베일의 작은 움직임이 있을 때마다 여신의 찬란한 아름다움은 그대로 드러났다. 순박하면서도 아름다운 베일은 마치 태양처럼 빛나고 있었다.
여신은 부드러운 두 발에 아름다운 샌들을 신었다.
그녀는 신방을 나서면서 아프로디테를 따로 불러 다음과 같이 말하였다. "나의 사랑하는 딸아, 지금 내가 하는 말을 명심해다오. 그렇지 않으면 내 마음은 분노로 고통받을 것이다.

무슨 이유로 나는 아르고스인(또는 그리스인)들을, 너는 트로이인들을 도와주어야 하는 것일까?"(제14권, 159-195)

헤라는 아프로디테와 신 손노(Sonno)가 제공한 무기와 유혹의 향수를 이용해 제우스를 유혹하여 전투에 참여하지 못하게 하는 데 성공하였다.

남녀의 침실만이 향수와 향료의 유일한 배경은 아니었다. 『일리아드』 제23권에서는 아킬레우스가 헥터를 죽인 후에 파트로클로스의 장례의식을 거행하였다고 기술하고 있다. 엄숙한 장례식에서 죽은 자의 동료들은 화장용 장작을 준비하고 양과 황소를 제물로 바친다. 한편 영웅 아킬레우스는 꿀과 기름이 가득한 항아리를 준비하고 네 필의 말과 아홉 마리의 개들 중 두 마리, 그리고 열두 명의 트로이 소년을 불에 던지면서 적의 시신을 짐승의 먹이로 만들 것을 맹세한다. 이러한 상황에서 아프로디테가 헥터의 시신에 장미향유(로도엔 알라이온Rhodóen élaion)를 발라 비극을 피할 수 있었다고 한다(『일리아드』 제23권, 185-187). 또한, 향수는 다음 에피소드가 말해주듯이 보호기능을 가진 발삼 향을 풍기고 있었다. 『일리아드』 제16권에서 아폴로는 제우스의 지시에 따라 사르페돈의 시신을 닦은 후에 옷을 다시 입히고 신의 음식을 제공하였다(제16권, 670; 680). 제19권에서는 같은 방식으로 아킬레우스의 어머니 요정 테티스(Tetis)가 파트로클로스의 시신에 신의 음식을 주고 두 콧구멍에 포도주를 부어 보존하였다고 한다(제19권, 28-39). 향수가 향유의 형태로 사용되거나 코에 주입되었다는 사실을 고려할 때, 위에서 살펴본 모든 이야기에서 향수는 발삼 기능을 가지고 있었으며 세 영웅의 시신을 보존하는 용도로 활용되었다고 볼 수 있다.

『오디세이』에서 시인의 관심은 전쟁터에서 율리시즈의 모험으로 옮겨간다. 트로이 전쟁에서 '트로이의 목마'를 이용해 도시를 파괴하는 데 공을 세운 후에 율리시즈는 이타카(Itaca)로 돌아가기 위한 여행을 시작한다. 귀환 여행은 신들의 적대감 때문에 10년간이나 계속되었고, 그는 페아체(Feace) 종족의 왕으로부터 도움을 받아 섬에 상륙하지만 자신의 왕궁이 부인 페넬로페(Penelope)의 지지자들에 의해 불법적으로 점령된 것을 알게 된다. 결국 율리시즈는 치열한 전투에서 승리하여 자신의 왕국을 되찾는 데 성공한다.

율리시즈의 오랜 여행에서는 향유와 그 사용에 관한 에피소드가 자주 언급되지 않는다. 제4권에 따르면, 동료 세 명과 함께 이집트에 머물던 율리시즈가 프로테우스(Proteos)를 잡기 위해 물범 가죽을 몸에 두르고 바다의 신을 둘러싸고 있던 동물 사이에 숨어든다. 율리시즈는 함정에 빠진 프로테우스를 잡은 후에야 비로소 어떤 신이 자신의 여행을 방해했는지 알게 된다. 율리시즈는 프로테우스의 어린 딸 에이도테아(Eidothea)의 도움을 받는데, 에이도테아는 함정 만드는 법을 알려줄 뿐만 아니라 율리시즈 일행의 콧구멍에 향기로운 신의 음식을 넣어 가죽의 악취를 참을 수 있게 해준다(『오디세이』 제4권, 444-446).

『오디세이』에서는 향기 나는 식물에 대한 언급도 찾아볼 수 있다. 제5권에서 율리시즈가 근처에서 피신처를 발견하였던 요정 칼립소(Calipso)의 동굴 부분인데, 시인의 표현에 따르면 요정 칼립소는 오리나무, 포플러, 그리고 삼나무 향이 가득한 숲속에 거처하였으며 거대한 난로에서는 삼목나무와 측백나무 장작이 타고 있었고 주변은 다양한 나무의 향기로 가득 채워져 있었다(『오디세이』, 제5권, 59-64).

『일리아드』와 『오디세이』에서 신과 초자연적 존재들의 행동과 관련되어 있던 향수는 신혼 방이나 주변 환경을 꾸미기 위해 순수한 상태로 사용된 향유로서, 전투에서 전사한 영웅의 시신을 보존하기 위한 발삼 향으로, 그리고 화장품 용도의 향유로 묘사되고 있다. 비록 아직까지는 죽은 자나 신과 같은 불멸의 존재에 의해 향수가 독점되고 있었지만 한편에서는 장례의식과 결혼을 통해 종교와 관련이 되었으며, 화장을 위한 개인적 용도로도 사용되었다.

호메로스의 서사시에 등장하는 향기의 신성

『일리아드』나 『오디세이』와는 달리, 호메로스의 서사시는 방향성 물질과 향수의 사용에 대한 보다 많은 자료를 제공하고 있다. 이 서사시들은 음유시인이나 성가대를 위해 12음절 시구로 작성된 33개의 곡으로, 기원전 7~6세기 사이에 『일리아드』와 『오디세이』에 사용되었던 것과 동일한 속어로 기록되었다.

그리스 판테온의 신성들에게 헌정된 호메로스의 서사시는 신화에 지리적인 요인과 예식 그리고 향료와 향수를 가미시켜 신들의 덕목과 행위를 노래하였다. 호메로스가 쓴 짧은 시 「데메트라에 대한 찬가(Inno a Demetra)」에서는 데메트라 여신의 어린 딸 페르세포네(Persefone)가 하데스에게 납치되어 죽은 자들의 왕국으로 끌려간 이야기가 언급되는데, 향기로운 꽃과 향료에 대한 이야기가 시 전체를 관통하고 있다. 페르세포네는 하데스에게 납치되어 있는 동안 장미, 사프란, 아이리스, 히야신스 그리고 나르시스를 모으는데, 이때 나르시스는 화려한 색과 풍부한 향으로 어린 소녀를 유혹하기 위해 피어난 꽃이었다. 페르세포네가 꽃을 꺾기 위해 몸을 숙일 때 하데스는 재빨리 페르세포네를 붙잡아 자신의 지하왕국으로 데려간 것이다(『호메로스』 제2권, 5-18).

다른 시에서도 유사한 내용을 찾아볼 수 있다. 헤르메스(Ermes)에게 헌정된 호메로스의 네 번째 시는 마이아(Maia)가 이다(Ida) 산의 한 동굴에서 헤르메스를 출산하는 이야기를 서술하고 있는데, 그 순간에 동굴은 좋은 향기로 가득하였다고 한다. 아프로디테에게 헌정된 다섯 번째와 여섯 번째 시는 여신을 사랑, 결혼, 부부생활, 다산 그리고 아름다움과 관련지어 기술하고 있다. 사이프러스 섬, 그리고 특히 아프로디테에게 신성한 곳인 파포스(Pafos)에서 아프로디테는 프리아모스(Priamos)를 유혹하기 위해 트로이로 가기 직전에 향기로운 정원에서 향유로 몸을 씻었다고 기록되어 있다(『호메로스』 제5권, 1-2; 58-66; 제6권, 1-2).

『일리아드』와 『오디세이』에서처럼 호메로스의 서사시에서도 향수는 신성과 밀접한 관련이 있었다. 꽃에서 추출하여 아로마 에센스 형태의 오일로 만들어진 향수는 신의 존재에 대한 확고한 표시가 되었으며, 페르세포네 납치 이야기에서처럼 유혹과 속임수의 향으로도 묘사되었다. 델로스(Delos) 섬에서 헤르메스 신의 출생을 알린 것도, 데메테르가 엘레프시나(Eleusi 또는 Elefsina)에 도착한 것을 알린 것 또한 향수였다. 실제로 데메테르는 메타니라(Metanira)의 집에 테세우스의 아들 데모폰(Demofonte)의 보모로 모습을 드러내기 전에는 노파의 모습을 하고 있었지만 다시 젊음을 회복한 후에는 아름다운 모습을 드러내고 향기를 발산하면서 자신의 정체성을 드러냈다(『호메로스』 제2권, 275-280).

2

향기의 이오니아

역사적으로나 연대기적으로 큰 틀에서만 향수에 접근할 수 있는 『일리아드』나 『오디세이』와 달리 서정시인들은 향수에 대하여 좀 더 확실한 정보를 제공한다. 이들은 대부분 기원전 7~6세기에 소아시아의 신흥 그리스 도시나 에게 해 섬처럼 지리적으로 구체적인 곳에 살았던 인물이다. 또한 이들은 세련된 라이프스타일로 잘 알려진 리디아 왕국에서 페르시아의 왕 키루스 2세의 통치를 받기 이전까지 나름대로 독자적인 삶을 추구하고 있었다.

이 시기에는 사회적이고 정치적인 맥락도 변화했다. 『일리아드』가 아가멤논을 지배자로 하는 군주국의 통치 형태를 보여주고, 『오디세이』가 왕에 의한 폭넓은 권력의 지배하에서도 새로운 인물에게 기회가 주어지던 상황을 배경으로 하였다면, 기원전 7~6세기는 처음에는 경제력과 정치력을 갖춘 귀족계층이 등장하고 나중에는 엘리트와 민중 사이에 벌어진 초기의 시민전쟁이 만연한 상황에서 힘으로 권력을 장악한 독재자가 등장한 시기라고 할 수 있다.

아르킬로코스, 알카이오스, 사포, 아나크레온 그리고 이포나테의 향수

부분적으로만 전해 내려오는 문학작품을 참고해보면, 서정시인들은 종교적이고 세속적인 맥락에서 향유와 향수에 대해 언급하고 있음을 엿볼 수 있다.

초기 자료는 기원전 7~6세기 사이에 쓰였는데, 장단격의 시를 즐겨 쓰던 시인 아르킬로코스의 작품에서 이를 찾아볼 수 있다. 아르킬로코스는 귀족 리캄베(Licambe di Paro)의 딸이자 연인인 네오불레(Neobule)를 위해 쓴 작품에서, 이제는 늙어버린 한 남자의 가슴에 아름다웠고 젊었던 시절 사랑의 감정을 불러일으켰던 소녀의 머리카락과 가슴을 향기에 비유하고 있다(fr. 48, 5-6 West). 젊음이 향수의 사용을 정당화하고 촉진한다고 주장하는 반면, 나이가 들어서도 향수를 사용하는 한 여인을 비난하고 공격하는 다른 작품에서 살펴볼 수 있듯, 시인 자신은 더 이상 향수를 필요로 하지 않았다(fr. 205 West).

자신의 시구에 독설을 도입한 것으로 유명한 아르킬로

코스는 향수를 젊음의 신선함으로 묘사하면서 이를 유혹의 무기로 간주하였다. 또한 이는 나이 든 여인에 대한 공격으로도 사용되었다. 근본적으로 시인은, 훗날 상투적인 문구의 특징이 되어버린 여성에 대한 두 가지 상반된 모습과 관련하여 향수 사용에 대해 지적하고 있다. 아름다워 자연스레 이성을 유혹할 수 있는 소녀에게 향수가 또 하나의 매력을 선사한다면, 세월이 흘러 망가져버린 노파에게 향수는 그저 유혹의 도구일 뿐이었다.

[그림 1] 소아시아의 그리스인●

● 출처: R. J. A. Talbert, *Atllas of Classical History*, London 2003, p.31.

향유와 향수에 대한 많은 이야기 중에는 알카이오스와 사포의 작품 일부도 포함된다. 기원전 7~6세기에 레스보스(Lesbos) 섬의 미틸레네(Mitilene)에 살았던 두 시인은 부유한 토지 귀족이었지만 도시에서는 독재에 막혀 권력을 마음껏 누릴 수 없었다. 알카이오스에게 섬이라는 공간은 풍요로운 시민사회의 향연, 즉 정해진 순서에 따라 진행되는 귀족들의 전통 만찬을 통해 사람을 모으고 토론하면서 휴식을 취할 수 있는 기회를 제공하였다. 반면 사포와 같은 여성에게 섬은 삶을 배우는 공간이자, 교육과 모임의 장소였다. 두 시인은 각자의 작품에서 이처럼 서로 다른 환경을 배경으로 제시하였다.

향연에 대한 글에서 알카이오스는 만찬 참석자들에게 머리와 가슴에 향수를 뿌리라고 권고하였다(frr. 50; 362 Voigt). 식자인 알카이오스는 이러한 관습에 대해 두 가지 설명을 제시하였는데(『연회의 소피스트들』 제15권, 687d-e), 하나는 관행에 대한 것이고, 다른 하나는 상징성에 대한 것이었다. 가슴에 뿌린 향수의 향기는 코로 느낄 수 있고, 심장이 위치한 가슴은 바로 영혼이 머무는 곳이었다.

사포에게 향수와 향료는 서로 다른 맥락에서 관련이 있었다. 일부만이 전해지는 한 작품에서 사포는 다음과 같은 문구를 가지고 아프로디테를 여성시인으로 묘사한다.

나를 위해 크레타 섬의 이 신성한 신전으로 오세요.
숲이 당신에게 사과를 주고,
피어오르는 향기를 느낄 수 있는 이곳으로.
사과나무 가지 사이로 신선한 물이 졸졸 흐르고
그늘마다 장미가 피어 있으며
그림자 뒤로 바람에 흔들리는 소리는
마치 비가 오는 것 같다네.
말을 방목하는 초원에는 봄꽃이 만발하고
허브의 일종인 소회향(anethium)과 전동싸리꽃은
달콤한 향기를 발산하네.
신성한 머리띠를 벗어 들고, 황금 잔에 담아
신의 음료 삼아 기쁨을 마신다네.(fr. 2 Voigt)

사포의 이 시의 경우 『일리아드』와 호메로스의 서사시에서처럼 사과나 미나리과 식물 같은 방향식물, 장미나 콩과 식물의 일종인 전동싸리꽃(멜리로투스melilotus)과 같이 향기를 발산하는 꽃, 수지(송진)에 대한 묘사가 향수와 연관되어 아프로디테 축원에 동반되고 있음을 살필 수 있다.

사포는 신혼의 헥터와 그의 신부 안드로마카(Andromaca)가 트로이에 도착하는 순간을 자신의 작품에서 향수와 관련시켜 또다시 언급한다. 트로이의 왕자와 그의 신부가 도착하자 플루트(flauto)와 체트라(cetra)의 연주 소리, 그리고 고성의 크로탈론(krotalon) 소리 이외에도 향기로운 수지(mýrra), 계피나무(kasía), 리바노스(líbanos)의 풍부한 향기가 도시 주민들의 환호와 함께 퍼졌다고 묘사한 것이다(fr. 44 Voigt). 또한 여성시인이었던 사포는 다른 작품에서 향수를 사랑의 감정과 결부시킨다. 사포는 아프로디테와 카리스(Charis)의 색다른 눈빛을 기억하면서 머리에 향기로운 아네티(미나리과의 일종) 장식의 화관을 쓰고 있는 디카(Dica)라는 이름의 소녀를 노래하였다.

지금까지 인용한 사포의 작품 세 편을 보았을 때, 우리는 사포가 식물의 꽃, 꽃잎, 나무와 수지(송진)에서 직접 얻은 순수한 형태의 향료를 향수로 인식하고 있었다는 사실을 알 수 있다. 이러한 재료는 아프로디테가 헥터와 안드로마카를 맞이하는 순간과 젊은 여인 디카에게 사랑을 구하는 데 이용되었다. 사포는 향수를 원래의 형태는 물론 동시에 사상 처음으로 '인공적인' 향기의 형태로도 묘사하는데, 이는 사랑의 고통으로 티아소스(Tiasos)—고대 그리스에서 신에 대한 숭배의식을 주관하는 단체—의 신녀 중 한 사람이 떠나는 장면을 묘사한 시구에서 잘 드러난다.

진정 죽었으면 하는 마음뿐이네
그녀는 하염없이 눈물을 흘리며 내게서 떠나네
그녀는 울면서 말하기를
"우리의 운명은 슬픈 것이네,
사포여! 어떻게 당신과 헤어진다는 말인가!"
나는 그녀에게 다음과 같이 대답하였네.
"행복한 마음으로 가거라,
그리고 내가 너를 얼마나 사랑했는지를 항상 기억하여라.
너는 이를 진정 모른다는 말인가?
나는 네가 모든 것을 잊기를 바라네.
우리가 얼마나 사랑스럽고 소중한 기쁨을 누렸는지를.
오랑캐꽃, 사프란 그리고 장미 화관
당신은 내 옆에서 머리에 화관을 썼지
봄꽃 꼬아 만든 화관을 여린 목에 둘렀지
온몸이 꽃에서 풍기는 풍부한 브렌테이온 향과
바실레이온 향유로 휘감기고
달콤한 사랑이 함께한 푹신한 침대 위로
사랑의 욕망이 피어올랐지.
그곳에는 언덕도, 주변의 신성함도, 순수한 샘도,
그곳에는 우리도 없었네.(fr. 94 Voigt)

여기서 사포는 화려함이 넘쳐나는 리디아 왕국에서 만

들어졌을 것이 확실한 향료 브렌테이온과 바실레이온에 대해 언급하고 있다. 한편 사포는 다른 작품에서 티아소스의 신녀가 이 왕국의 수도인 사르디(Sardi)로 이주하였다고 언급하였다(fr. 96 Voigt).

아나크레온이나 이포나테와 같은 두 시인의 작품에서도 향료와 향수에 대한 언급을 찾아볼 수 있다. 기원전 6세기 이오니아의 도시 테오스(Teos)에서 출생한 아나크레온은 기원전 546년에 페르시아가 소아시아를 정복하자 조국을 떠나 사모(Samo)의 폴리크라테스(Policrate), 피시스트라토스(Pisistrato)와 아테네를 통치하는 그의 아들들, 그리고 강력한 가문인 테살리아(Tessaglia)의 알레바디(Alevadi)와 같은 독재자의 궁정으로 거처를 옮겼다. 아나크레온은 오늘날 일부만이 남아 있는 작품에서 이러한 사실을 언급하면서, 향료와 향수를 만찬과 관련하여 시편에 녹여내었다. 알카이오스와 마찬가지로, 아나크레온 역시 사탕수수의 움푹 파인 부분에 향수를 바르고(fr. 18, 363쪽), 축제나 만찬에서 참석자들이 머리에 꽃과 셀러리(Sedano)로 꾸민 화관을 쓰는 관습을 이야기하였다(frr. 65, 410쪽; 52, 397쪽). 아나크레온은 향수 제조업자에 대해 언급한 최초의 인물로서, 그 제조업자의 이름 스트라티스(Strattis)는 다음의 시구에 언급되어 있다.

나는 그 향이 오랫동안 유지되기를
스트라티스에게 부탁하였네.(fr. 42, 387쪽)

이 시 속에서 아나크레온은 스트라티스가 대머리인지라 머리카락에 향수를 사용할 수 없음을 조롱하고 있다. 시인의 작품에서 '향기의 창조자'는 미로포이오스(Myropoiós)라는 기술적인 용어로 표현되는데, 이는 미론('향수', '향수에센스')과 포이에오(Poiéō, '창조하다', '만들어내다')의 합성어다. 이미 기원전 6세기에 그리스에는 정확한 방법으로 다양한 방향에센스를 섞어 '인공적인' 향기를 만들어내는 진정한 의미의 전문가가 존재했다. 비교적 부유층이 향유를 사용하고 있었다는 사실은 스트라티스가 폴리크라테스나 피시스트라토스 또는 알레바디, 다시 말해 아나크레온이 궁정에 머물고 있던 시대의 권력자들과 친분이 있었다는 사실을 짐작하게 한다. 아나크레온의 작품에서 알 수 있듯이 향수 제조업자가 대머리라는 사실은 아나크레온이 그와 개인적인 친분이 있었을 가능성을 시사한다.

사포와 마찬가지로, 기원전 6세기 후반에 보편화된 장단격 시를 즐겼던 에페소스의 이포나테 역시 자신이 태어난 도시를 지배하고 문화적으로 영향을 미치고 있던 리디아 왕국과 향수의 관계를 언급하고 있다. 아테네오스가 인용한 작품(『연회의 소피스트들』 제15권, 690a-b)에서 이포나테는 기원전 560~546년에 리디아 왕국을 통치하던 크로이소스(Croiso) 왕을 기억하면서 향유 또는 바카리스(Bákkaris) 향수에 대해 서술하고 있다.

> 나는 콧구멍에 바카리스 향수를 바른다.
> 크로이소스 왕이 사용하는 그 향수를.(fr. 104, 21-22 West)

사포의 사례에서와 마찬가지로 이포나테에게도 향수, 특히 가장 세련되고 가장 값비싼 향수에 대한 언급은 리디아 왕국과 연관이 있었다. 바카리스 향수의 사용은 브렌테이온과 바실레이온의 사용과 마찬가지로 도시 사르디에서 시작되어 그리스인들에게 알려지면서 부유한 귀족가문들 사이에서 정착되었으며, 부유한 독재자들의 궁정에서 전성기를 맞이하였다.

향수에 대한 초기 고찰:
크세노파네스와 시모니데스

엘레아(Elea)의 크세노파네스(Senofane)와 아모르고스(Amorgos)의 시모니데스(Semonides)는 향수를 복합적인 철학적 고찰의 일부로 간주하였다. 전하는 바에 따르면 크세노파네스는 기원전 545년, 즉 페르시아의 침공이 임박했을 때 조국 콜로폰(Colophon)을 떠나 그리스 도시 엘레아로 이주하였으며 그곳에서 철학학파를 열었다. 일부만이 전해지는 크세노파네스의 두 작품에는 향수에 대한 언급이 있다. 첫째는 도덕적인 맥락에서 서술된 작품으로, 한때는 정직하고 청렴하였으나 리디아 왕국과 우정을 나누고 동맹을 맺은 후에 타락해버린 시민들의 부패를 비난하는 대목이다. 이에 대해 철학자는 다음과 같이 기술하고 있다.

> 독재로부터 자유로웠을 당시, 사람들은 리디아 왕국으로부터 불필요한 호사스러움을 받아들인 덕분에 자주색으로 염색한 망토를 입고 모임에 참가하였다. 천 명이 조금 안 되는 사람들이 머리카락에 세련된 에센스 향을 뒤범벅한 채 거들먹거린다.(21 B3 Diels-Kranz)

크세노파네는 두 번째 저술에서 귀족들의 모임에서 볼 수 있는 예식에 대해 기술하였는데, 여기에 향료와 향수에 대한 세밀한 서술이 돋보인다. 그에 따르면, 만찬 참석자들은 먼저 손을 씻은 후에 화관과 향기로운 기름(에우오데스 미론Euôdes mýron)을 제공받았다고 한다. 향의 연기(리바노토스Libanōtós)가 가득한 방 한가운데에 꽃으로 장식된 재단이 있었으며 향기로운 포도주가 가득한 항아리, 물이 담긴 그릇, 그리고 빵과 치즈와 꿀이 가득한 식탁이 놓여 있었다. 크세노파네스에 따르면 만찬 참석자들은 먼저 신에게 기도를 올린 다음, 노래와 음악 그리고 영웅담을 교환하는 축제를 시작하면서 술을 들이켰다고 한다(21 B1 Diels-Kranz).

크세노파네스는, 호메로스가 신을 인간의 모습과 지성을 가진 불멸의 존재로 간주했지만, 이는 확실한 게 아니라 가능성에 근거한 사상이라며 반대했다. 이런 이유로 크세노파네스는 향수를 시민들에게 좋지 못한 영향을 미치는 것으로 간주하였다. 그는 값비싼 의복을 입고 우아한 머리장식을 뽐내며 거만을 떠는 가시적인 사치 역시 삶의 덕목을 포기하는 것으로 간주하였다. 향료를 과하게 사용하여 후각적으로 즉시 느끼게 하는 것도 같은 부류라고 생각하였다. 그러나 크세노파네스의 표현대로 콜로폰(Colophon)의 주민들에게 그들이 몰락하게 된 원인이 있다면, 침체의 근원은 동방의 주민들과 리디아 왕국 주민들의 건전하지 못한 삶의 방식에 있었다고 볼 수 있다. 그럼에도 불구하고 크세노파네스는 향수를 도덕적인 차원에서 바라본 최초의 인물이었다. 다시 말해 그에게 향수는 바람직하지 못한 라이프스타일의 확실한 증거였다. 그만큼 향수는 민주정치에서 자유가 상실되어 독재정권으로 변질되어가는 복합적 흐름을 해석하는 데 있어서 핵심열쇠 중 하나였던 셈이다.

크세노파네스와 마찬가지로 아모르고스 섬 출신이며 장단격의 시와 애가(또는 만가)를 잘 썼던 시모니데스(7~6세기) 역시 향수나 립스틱의 사용과 관련하여 도덕적인 관점에서 쓴 글을 남겼다. 일부만 전해지는 그의 작품 가운데 건전한 삶을 추구하는 여성과 향수나 립스틱을 즐겨 사용하는 품행 나쁜 여성을 비교하는 작품이 있다. 크세노파네스에 따르면, 이처럼 음란한 여성은 집안의 부도덕과 태만의 상징으로 간주되었다. 또한 여우로 비유된 여성은 태만함 때문에 스스로 선과 악 모두에 쉽게 빠져들고, 음탕한 여자는 쉬지 않고 말을 하며, 타인의 일에 호기심이 많았다. 흙으로 빚어진 여자는 신이 남자에게 제공한 선물로, 먹는 것 이외에는 아무것도 하지 않았다. 바다 출신 여성은 변덕스러운 유머로 유명하였다. 계속해서 당나귀로 비유된 여성은 폭력과 노동을 견디지만 아무 남자나 받아들이는 것으로 묘사된다. 품위 없는 암코양이는 성욕에 굶주린 도둑의 은유였으며, 원숭이로 은유된 여성의 이미지는 사악함이었다. 바람직한 여성은 남편을 사랑하며 아름답고, 강한 자식을 낳지만 결코 친구들과 성에 대해 수다를 떨지 않기 때문이다. 반대로 암말로 비유된 여성은 향수를 넘치게 사용하는 결점 때문에 불행 그 자체로 표현되었다. 이에 대해 시모니데스는 다음과 같이 말하였다.

머리를 갈기처럼 기른 세련된 암말처럼 태어나
전혀 다른 사람처럼 보인다네. 그리고 노예처럼
천한 일을 하고 피곤한 몸으로
절구를 찧고, 채로 거르고, 온갖 궂은 일을 하며
부엌에서 일하지만 더러워지는 것을 두려워하네
사랑도 의무적으로 할 뿐이네
매일 몸을 씻고
두 번, 세 번 화장하고 향수를 바른다네
항상 머리카락을 빗질하고
차분하게 다음어진 머리에는 꽃을 꽂았네
이런 여성은 진정 구경거리나 다름없으며
다른 사람들에게 좋은 볼거리라네
신랑에게는 골칫거리라네

군주나 왕이라면 즐거움이었을 것이네.(fr. 7 West)

크세노파네스와 마찬가지로 시모니데스에게도 몸을 치장하는 데 향수를 과도하게 사용하는 것은 분명한 타락의 표시였다. 반면 그는 여기에서 악습에 젖은 삶에 대한 성찰을 이끌어냈지만 여성에 대한 적대감을 분명하게 드러냈다. 심지어 남자를 망친다고 주장하였으며 가정을 파탄에 이르게 하는 몰락의 징후라고까지 표현하였다. 분명 시모니데스의 관점은 일관되거나 논리적이지는 않다. 그는 향기를 풍기는 여성을 비난하면서도 향료를 사용하는 남성에게는 멸시감을 드러내지 않았다. 다음 구절에서 볼 수 있듯이, 그는 남성의 경우에 대해서는 노골적으로 긍정적인 견해를 드러낸다.

향수를 판매하는 상인이 있었다.
나는 향유(mýroioi)와 향수 에센스(thyômasi), 바카리 향수를 몸에 발랐다.(fr. 16 West)

여기에서 바카리처럼 동방에서 유래된 유지에 대한 언급은 다시금 이포나테를 통해 동방을 세련된 세상으로 묘사하며 시모니데스가 속해 있던 부유한 시민귀족에게로 옮겨갔다.

향수에 대한 상반된 평가는 성(性)의 반목뿐만 아니라 남자를 위한 모임과 여성의 집안일 같은 환경적 영역에서 기인하였다. 연회에서의 향수 사용이 전통적인 의식에 몰두하는 순간부터 정당한 것으로 간주되었다면, 이와는 반대로 집안일을 하는 중에 향수를 사용하는 것은 타락의 징후로 보았다.

3

솔론과 헤로도토스

역사적 배경

기원전 7~6세기 이후에는 향수와 향수 제조업자에 대한 언급이 더 빈번해지고 세밀해진다. 대부분의 자료에는 특히 아테네가 등장하는데, 그 이유는 이 도시에 많은 저자가 살고 있거나 향수와 밀접한 관계에 있었으며 기원전 6~4세기에는 지중해 연안에서 가장 활발하고 부유한 시장으로 성장했기 때문이다. 실제로 아테네에서는 기원전 594년 솔론이 집정관(Arconte)이 되어 개혁을 시작했으나 이후 기원전 561년에는 페시스트라투스가 독재를 시작하였으며 그가 기원전 528년에 사망한 후에는 그의 아들이 권력을 물려받았다. 아테네에서는 이로 인해 심각한 사회적 긴장이 발생하였다. 하지만 기원전 510년에는 입법관 클레이스테네스(Kleisthénes)의 개혁 덕분에 민주정치가 정착되었다. 이로 인해 아테네에는 정치적 · 사회적 안정이

오랫동안 지속되었고 도시는 전성기를 맞이하였다.

기원전 6세기는 페르시아가 세력을 급속하게 팽창하던 시기였다. 기원전 546년 페르시아 제국의 치루스(Kuruš, 기원전 559~530)는 메디아 왕국과 리디아 왕국을, 캄비세스(Kambýsēs)의 통치하에서는 이집트를 정복하였다. 또한 헤로도토스에 따르면 다리우스 1세는 정복에 착수하기에 앞서 그리스 출신의 스킬라스(Skýlax of Caruanda)로 하여금 인도의 해안지역을 탐험하게 하면서 아시아의 그리스 세력들과 전쟁에 돌입하였다(『역사(Storie)』 제4권, 44).

기원전 499년 이오니아의 도시 밀레토스(Mileto)가 아테네와 에레트리아(Eretria)의 지원하에 페르시아에 반란을 일으켜 사르디를 불태웠다. 이에 다리우스 왕은 즉각적으로 밀레토스를 파괴하고 반란을 진압하는 등 매우 격렬하게 반응하였다. 하지만 기원후 490년에는 반란군을 지원하였던 그리스에 군사원정을 단행하는 모습을 보였다. 기원전 490년에 그리스가 밀티아데스(Miltiades) 장군의 지휘하에 마라토나에서 승리한 덕분에 전쟁을 금방 끝낼 수 있었던 것이다. 하지만 10여 년이 지난 후 다리우스 왕의 아들 크세르크세스(Xèrxes) 1세는 부왕의 패배를 복수하기 위해 두 번째 군사원정을 계획하였다. 군사적인 열세에도 불구하고 그리스는 우위를 점할 수 있었는데, 처음에는 기원전 480년 살라미스 해전에서 승리하였고, 기원전

479년에는 플라테아 전투에서 아테네의 테미스토클레스(Temistocles)와 스파르타의 왕 파우사니아스 장군 덕분에 승리할 수 있었다.

[그림 2] 그리스 세계•

• 출처: 헤로도토스, 『역사(Le storie)』 제3권, La Persia, D. Asheri S. M. Medaglia(감수), Milano 2000, cartina 16, p. LXIII.

그리스의 승리에 아테네는 일등공신이었다. 덕분에 아테네는 정치적으로나 문화적으로 그리고 사회적으로 지도적인 위치를 차지하면서 새로운 역사를 맞아하였다. 이미 기원전 427년에 아테네는 델로스 동맹의 맹주가 되었다. 이 동맹은 처음에는 페르시아로부터 그리스를 방어하는 목적을 가지고 있었지만, 얼마 지나지 않아 아테네의 권력수단으로 변질되었다. 아테네는 이를 이용해 동맹세력을 이끌었으며 나중에는 이러한 우월한 지위를 그리스 세계 전체로 확대하였다. 아테네는 기원전 405년 펠로폰네소스 전쟁(기원전 431~404)에서 스파르타에 패배하여 세력이 약화되었지만, 그럼에도 기원전 377년에는 두 번째 해군 동맹을 결성하였고 기원전 357년부터는 필립 2세(기원전 360~336)의 마케도니아에 저항하였다. 하지만 아테네는 케로네아(Cheronea) 전투(기원전 338)에서 패배함으로써 필립 2세와 그의 아들 알렉산드로스 대왕의 동맹세력으로 전락하였다.

그리스 세계의 문화중심이 된 아테네에는 수많은 지식인이 모여들었다. 기원전 5~4세기에 아테네에서는 헤로도토스(기원전 484~425), 투키디데스(기원전 460~대략 397) 그리고 크세노파네스(기원전 430~대략 355)의 주도로 역사학 연구가 전성기를 맞이하게 되었으며, 에스킬로스(Eschilos, 기원전 525~455), 소포클레스(Sofocles,

기원전 496~406) 그리고 에우리피데스(Euripides, 기원전 480~406)의 극작술 또한 발전하였다. 또한 아리스토파네스(Aristofanes, 기원전 445~385)로 대표되는 수많은 희극작가들이 등장하였으며, 수사학 분야에서는 고르기아스(Gorghías, 기원전 485~375), 리시아스(Lysìas, 기원전 445~380) 그리고 이소크라테스(Isocrates, 436~338)가, 웅변술에서는 데모스테네스(Dēmosthènēs, 기원전 384~322)와 아이스키네스(Aeschines, 기원전 390~약 330) 그리고 히페레이데스(Hyperéidēs, 기원전 390~322)가, 철학에서는 소피스트 학파와 특히 소크라테스(기원전 470~399), 플라톤(기원전 428~348) 그리고 아리스토텔레스(기원전 384~322)가 등장하였고 아카데미(기원전 387)와 소요학파(기원전 335)가 설립되었다.

이러한 정치적이고 경제적이며 문화적인 맥락에서 적어도 다른 그리스 도시와 비교할 수 있는 많은 자료가 생산된 셈이다. 이들 중에는 그리스 폴리스인 아테네와 방향성 물질의 관계를 보여주는 것도 다수 포함되어 있다. 이에 따르면, 당시의 향료와 향수는 종교의식에서 신에게 제물로 바치는 것 외에도 사적인 영역(화장실용), 스포츠(경기장의 향유), 무역(향수 제조업자의 상점과 아고라의 시장), 철학-학문적 사상(냄새의 성격과 기원, 후각 기능, 향수 제조의 비밀과 속임수)의 분야에서도 다루어지고 있었다.

솔론과 향수금지법

솔론은 일곱 명의 통치자 중 한 명으로 재선된 후, 기원전 594년 혹은 592년에 시민들의 여러 분파 사이에 형성된 긴장관계를 평화롭게 해결하는 임무를 수행하는 집정관으로 임명되었다. 솔론이 집정관으로 선출된 것은 심각한 사회문제 때문이었는데, 당시 아테네에는 시민들이 빚을 져 노예로 전락하는 경우가 있었고, 결국 대토지 소유주인 시민들과도 분열이 생겨났다.

솔론은 당시 시민들의 부채와 재산의 정도에 따라 직위를 할당하면서 사회계층을 모두 네 개의 계급으로 구분하던 토지저당권을 무효화하였다. 또한 무게 측정 단위 개혁 같은 경제 분야 법안에 대해서도 대대적인 개혁에 착수해 에우베아(Eubea) 중량체계를 에지나(Egina) 중량체계로 바꾸었다. 아티카(Attica)에서 풍부하게 생산되는 다양한 종류의 오일을 제외한 식품 수출 금지 법안을 마련하였으며, 결혼이나 유언 관련 규정을 승인하고 직업 세습을 허용하였다. 또, 사치를 금하였는데 향수 사용금지 조치 역시 이러한 일련의 개혁 대상에 포함되었다. 사실 향수에 대한 자료는 아테네오가 인용한 작품 두 편을 통해서만 알려졌을 뿐이다(Ateneo, 『연회의 소피스트들』 제15권, 686f-687a; Seneca, *Questioni Naturali*, IV, 13, 9).

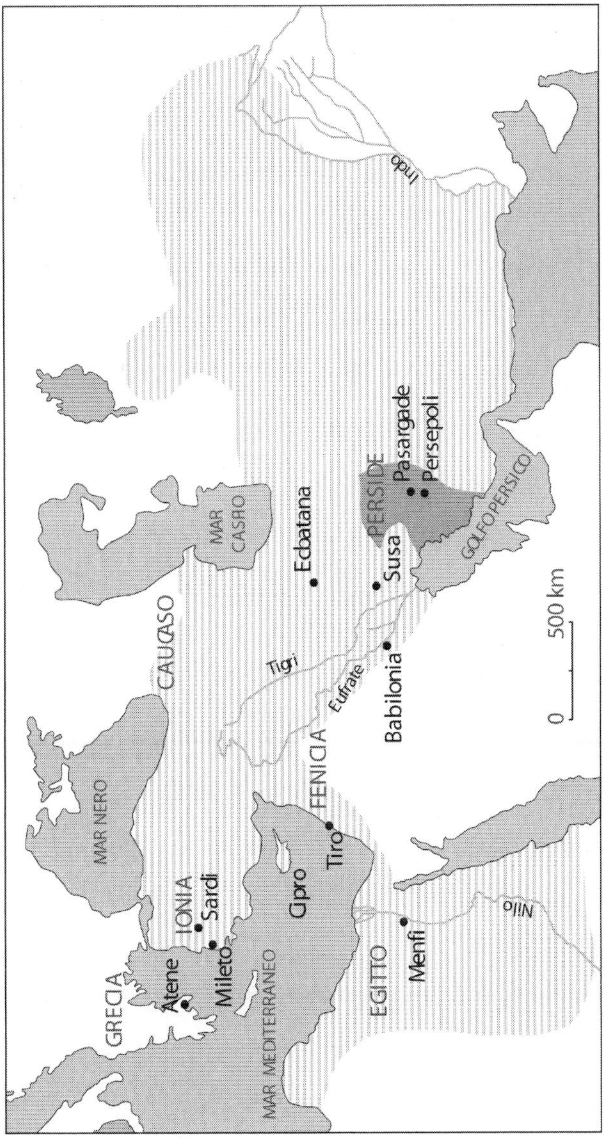

[그림 3] 페르시아 제국•

● 출처: M. Bettalli, A.L. D'Agata, A. Magnetto, *Storia greca*, Roma 2013, p.137.

솔론이 도입한 금지 법안들은 아테네에서 사회적 긴장 상태가 첨예화되었을 당시 사치를 자제하기 위한 다른 법안과 동등한 차원에서 정당화되었다. 이러한 금지 법안들은 부유한 시민과 가난한 시민의 격차를 줄이고, 빈곤이 만연해진 현실에서 모든 과시행위를 방지하기 위한 개혁의 일환으로 도입되었다. 이러한 의미에서 향수는 당시 그리스 사회에서 마치 사치의 상징이자 소아시아 그리스 도시와 귀족계층의 전유물인 것처럼, 그리고 이를 구입하기 위해서는 재산까지 탕진하게 되는 것인 양 인식되고 있었다.

헤로도토스와 향수의 생산지

기원전 484년경에 할리카르나소스에서 태어난 헤로도토스는 기원전 445년 아테네로 이주하였으며 이듬해에는 이탈리아 반도의 그리스 도시 투리(Turi)의 건설에 참여하였다. 그의 이름은 두 차례의 페르시아 전쟁을 기술한 것 외에도 많은 전설과 일화에 인용되어 있으며 아프리카, 아시아 그리고 유럽의 수많은 지역 지리에 대해 기술하고 있는 아홉 권의 역사 연구와 연관되어 있다. 그의 저술은 향료와 향수에 대한 소중한 정보의 원천이나 다름없다. 헤로도토스는 아라비아 반도를 향료의 땅으로, 마케도니아를 서양 장미의 땅으로 묘사하였다. 또한 그는 몇 가지 향신료에 대한 독특한 이야기와 에우다이몬 아라비아(Eudaimon Arabia)의 신화, 그리고 향수 제조술을 설명하고 있는데, 이는 후세대 많은 사람에게 큰 도움을 주었다. 그럼 지금부터 향료에 대한 헤로도토스의 이야기를 자세하게 살펴보자.

1) 향료의 땅, 아라비아

헤로도토스가 저술한 『역사』 제3권은 그리스인에게는 에우다이몬(Eudaimōn)이라는 이름으로, 라틴인에게는 펠릭스(Felix)로 알려진 아라비아에 대해 기술하고 있다. 헤로도토스는 89장부터 사트라포(Satrapo)라는 행정단위로 구분된 페르시아 제국의 정치조직과 제국 내 각 지역이 어느 정도의 세금을 왕에게 바치는지에 대해 기술하였다. 이오니아에서 시리아, 이집트에서 아시리아와 인도에 이르기까지 모든 행정지역은 돈으로 세금을 바쳤으며 에티오피아인은 2년마다 왕에게 황금원석 2코이닉스(Choinix),• 흑탄 200트론코(Tronco), 어린아이 5명, 상아 20개를 바쳤다. 마찬가지로 콜키스(Kolkhis)인과 캅카스(또는 코카서스, Caucaso)의 산악지역 주민도 4년마다 소년

• 코이닉스는 말린 재료의 무게를 측정하는 단위였다. 아티카에서는 1/48메디므노(medimno), 즉 1.08리터에 해당한다.

소녀 100명씩을 세금으로 바쳤다. 반면 아라비아의 주민은 매년 1,000달란트의 향을 공납하였다. 헤로도토스는 인도 주민과 그들의 관습, 특히 그들이 사막의 모래에서 어떻게 황금가루를 채취하는지에 대해 설명한 후에도 아라비아에 대해 다음과 같은 내용을 추가로 기술하였다.

> 사람이 거주하는 남쪽 끝자락에 위치한 땅이 아라비아이다. 이곳은 향, 수지, 계수나무, 육계나무 그리고 레다논이 생산되는 유일한 지역이다. 아라비아인은 수지를 제외한 다른 향료나 향수를 어려운 과정을 거쳐 생산하며, 페니키아인이 그리스에 수출하는 소합향을 태워 향료를 생산한다. 그리고 아라비아인이 레다논이라고 부르는 것은 상당히 놀라운 방식으로 자라는데, 냄새가 고약한 곳에 있지만 그 향은 매우 좋다. 실제로 레다논은 숫염소가 숲에서 돌아올 때 마치 접착제처럼 수염에 붙여 온다. 레다논은 많은 양의 유지를 얻기 위해 필요한데, 아랍인은 이것을 불에 태워 향수처럼 사용한다. 나는 향료에 대해 충분히 서술하였다. 아라비아의 땅에서 달콤한 신의 향수가 만들어진다.(『역사』 제3권, 107, 1-2; 113, 1)

헤로도토스는 향료와 향(리바노토스Libanōtós), 수지(스미르네Smýrnē), 계수나무(카시에Kasíē), 육계나무(킨나모몬Kinnámomon), 레다논(Lêdanon) 그리고 소합향(스티락스Stýrax)에 대해 중점적으로 기술하였다. 헤로도토스에 따르면, 식물에서 추출되는 위의 여섯 가지 향신료는 오직 아라비아에서 생산되었다고 한다. 헤로도토스는 지리적인 정보는 제공하지 않은 채 페르시아 제국의 영토에서 사람이 거주하는 마지막 경계지역인 남부로 자신의 설명을 제한하였다. 그는 향신료 무역을 주도하는 주민과 그 지리적인 경계가 명확하지 않은 장소에 대해서는 별다른 관심을 기울이지 않았다. 실제로 그리스인은 이러한 정보를 알렉산드로스의 아시아 원정 이후 기원전 4세기에 겨우 알아내었다. 그럼에도 방향성 물질의 생산과 관련하여 처음으로 정확한 사실을 알게 되었는데, 이곳이 바로 아라비아였다.

2) 마케도니아와 서양 장미

헤로도토스는 다른 향수 재료, 예를 들면 장미에 관한 정보도 제공하였다. 그는 『역사』 제8권에서 마케도니아가 기원전 480년의 군사원정 기간에 페르시아의 크세르크세스 1세에게 도움을 준 것에 대해 언급하고 있다. 장미에 대한 언급은 마케도니아의 왕들에 대한 기나긴 이야기의 일부로서, 알렉산드로스 1세(Alessandro I Filelleno, 기원전 498~약 454년)와도 관련이 있었다. 실제로 페르시아의 장군 마르도니오스(Mardonios)는 알렉산드로스 1세를 사절로 파견하여, 아테네에게 그리스 편에서 나와 페르시아와 동맹을 맺을 것을 설득하였다(『역사』 제8권, 136). 이 대목에서 헤로도토스는 페르디카스(Perdikkas) 1세에서 시작해 테메노(Temeno)의 자식들과 아르고스(Argos)의 후손들에 이르는 마케도니아 왕조의 가계도에 대해서도 설명하고 있다. 계속해서 페르디카스와 그의 두 아들 가바네(Gavane), 아에로푸스(Aeropus)에 대해서는, 초기에는 마케도니아 북부에 정착하여 이 지역의 왕에게 봉사하였지만 나중에는 왕을 추방하고 좀 더 남쪽으로 내려가 정복활동을 한 후에 기원전 700년경 이곳에 자신의 왕국을 건설하였다고 서술하고 있다(『역사』 제8권, 137-138, 1). 이러한 맥락에서 헤로도토스는 동시대의 지리와 식물에 대해 설명하고 있는데 그 내용은 다음과 같다.

> 마케도니아의 다른 지역에 도착한 가바네, 아에로푸스 그리고 페르디카스는 고르디오스(Gordios)의 아들 미다스의 정원으로 불리는 곳에 정착하였다. 이곳에는 장미가 자생하고 있었는데, 그 장미는 송이마다 60개의 꽃잎을 가지고 있었으며 다른 꽃과는 향기가 확연하게 달랐다. 이 정원에는, 마케도니아인들이 말하는 것처럼, 실레노스(Silenos)•들도 있

• 그리스 신화에 나오는 숲의 신이며 밀림의 신과 요정 사이에서 출생한 아들로서 몸에 털이 많은 대머리의 어른 모습이다. 때로는 숲속의 다른 동물들과 함께 묘사되기도 하였으며 놀라운 지혜를 가진 존재로 알려졌다

었다. 정원 밖에는 베르미오(Bermio)라는 산이 있었는데, 추위와 폭풍 때문에 접근이 불가능하였다. 이들은 이 지역을 정복한 후에 이동하여 마케도니아의 다른 지역도 정복하였다.(『역사』 제8권, 138, 2-3)

헤로도토스는 『역사』 제3권 107~113장의 아라비아 향신료에 대한 기술에서와 달리, 위의 인용문에서는 장미에 대해 간략하게만 언급하고 있다. 향료라는 주제에서 다소 벗어난 듯 보이기도 한다. 역사가 헤로도토스는 장미를 향신료와 관련 짓기보다는 오히려 마케도니아 왕국의 지리적 역사 서술에 있어 장미가 중요했다는 사실을 강조한 것이다.

3) 향료 수확에 대한 독특한 이야기들

아라비아의 향료는 이들의 수확을 위험하게 만드는 동물에 대한 일련의 전설과 관련이 있었다. 역사가의 기술에 따르면, 향은 색깔이 다양하고 많은 나무들의 수지(송진)에서 얻어졌는데, 그 나무에는 날개 달린 뱀들이 우글거리고 있었다. 아라비아인들은 소합향을 태워 뱀을 내쫓는 방식으로 귀중한 향신료를 구할 수 있었다(『역사』 제3권, 107, 2).

다양한 품종의 육계나무와 비슷한 향기를 가진 계수나무 껍질을 수확하는 것도 마찬가지로 위험한 일이었다. 헤로도토스에 따르면 아라비아 사람들은 몸에 소와 다른 동물의 가죽을 두르고 눈만 드러낸 채 이 향신료를 찾으러 다녔다고 한다. 박쥐와 비슷하게 생긴 동물들이 큰 소리를 내며 향신료 수확자들을 공격하였는데, 이 동물들은 계수나무가 자라고 있는 호수 근처에 무리 지어 살았다(『역사』 제3권, 110).

계수나무에서 가장 향기가 짙은 부분은 껍질이며 육계나무의 변종으로 추정되는 키나모몬(Kinámōmon)을 찾는 것도 마찬가지로 쉽지 않았다. 이와 관련해 헤로도토스는 다음과 같이 기술하고 있다.

> 아랍인은 육계나무를 이전에 말한 것보다 더 이상한 방식으로 수확한다. 즉, 이 지역과 토양은 육계나무가 자라는 데 전혀 적합하지 않았다. 어떤 사람들은 이 나무가 디오니소스가 성장한 곳과 같은 장소에서 자란다고 하였다. 그들은 거대한 새가, 페니키아인이 불렀던 명칭에 따라 킨나모몬이라고 부르는 이 잔가지들을 이곳으로 운반해 진흙과 섞은 다음, 사람들이 도저히 접근할 수 없는 바위산 근처에 둥지를 만드는데 사용했다고 하였다. 이 기술에서 착안하여 아랍인들은 먼저 죽은 황소나 당나귀 등 가축의 고깃덩어리를 가능한 한

큰 조각으로 잘라 새들의 둥지 근처에 놓아둔다. 주변을 비행하던 새가 고기조각을 둥지로 운반한다. 하지만 새 둥지는 거대한 고깃덩어리의 무게를 이기지 못하고 땅바닥으로 붕괴된다. 그러면 아랍인들은 둥지를 수확하는 것이다. 이렇게 해서 아랍인들이 수확한 육계나무는 다른 지역으로 확산되었다.(『역사』 제3권, 111)

세 가지 경우 모두, 거대한 몸집을 가져 때로는 위험하기도 한 동물들은 사람들이 위험을 무릅쓰고 수확하는 귀중한 향신료를 지켜주는 역할을 하고 있었다. 이러한 이야기들이 세 가지 향료의 비싼 값을 정당화하면서 더 귀한 것으로 인식되게끔 의도적으로 만들어졌을 가능성 또한 없지 않다. 위험을 무릅쓰고 향료를 수확할 만큼 향수는 수요가 많았다. 이와 관련해 헤로도토스가 『역사』에서 인용한 자료에 대한 사실 여부를 확인하는 것은 사실상 불가능하다. 하지만 위의 세 가지 이야기가 지역 자료에서 유래되었으며 이 세 가지 향신료가 아라비아에서 수확되고 판매되었을 가능성은 매우 높다.

4) 아라비아 펠릭스 새의 신화

헤로도토스는 아라비아 펠릭스 새의 전설을 『역사』 제

2권에서 인용하고 있다. 그는 또한 전설에 관련된 동물도 소개하였는데, 그런 동물은 이집트에 많이 서식하면서 대부분 지역주민에 의해 신성한 대상으로 여겨졌다. 그가 열거한 동물은 고양이, 악어, 하마, 수달, 몇 종류의 뱀, 따오기 등이었다. 헤로도토스는 아리비아 펠릭스 새를 그림을 통해서만 보았을 뿐이라고 하였다. 이집트 도시인 헬리오폴리스의 주민으로부터 들은 말에 따르면, 이 새는 500년마다 모습을 나타낸다고 하였다. 또한 이 새는 독수리처럼 몸집이 장대하였고 깃털의 일부는 금빛이었으며 일부는 붉은색이었다. 헤로도토스는 아버지가 사망하자 모험을 떠났던 듯하다.

> 펠릭스는 아버지의 시신을 미라로 만든 후(smýrne) 이를 아라비아 반도에서 헬리오스 신전으로 운반하였으며, 이곳(이집트)에서 시신을 다음과 같은 방식으로 매장하였던 듯하다. 먼저 향료를 이용해 큰 규모의 알 형태로 관을 만들고 이를 운반하는 연습까지 하였다. 계속해서 그는 속이 빈 관 속에 아버지의 시신을 넣고, 아버지의 시신이 들어 있는 알 모양의 관 입구를 다른 향료로 덮은 후 그 무게가 다른 알과 같게 만들었다. 그런 다음에 아버지의 시신이 들어 있는 알을 이집트의 헬리오스 신전으로 옮겨 갔던 것이다.(『역사』 제2권, 73)

소합향, 계수나무, 육계나무의 수확에 관한 전설에서와는 달리, 아라비아 펠릭스 새의 전설에서 몰약의 향기는 이야기의 단지 일부분에 지나지 않았다. 향료는 생사와 관련된 일들에 사용되었는데, 이때 방향성 수지는 시신의 운반을 돕거나 보존하는 데에 사용되었다. 이는 다양한 방식으로 향료와 관계를 맺고 있는 두 지역과 연관되어 있었다. 한 곳은 펠릭스 새가 수지를 얻은 아라비아이고 또 한 곳은 보존 용도의 향료 물질을 통해 향을 발산시키는 것으로 유명한 이집트이다. 참고로 이집트에서는 부모의 시신을 매장하는 것이 관습이었다. 향신료의 생산과 무역 그리고 소비와 관련이 있는 이 두 지역은 신화를 통해 완벽한 공생관계를 이루고 있었다.

5) 향수화장품 제조법

헤로도토스는 위에 언급한 주민들의 다양한 전통도 관찰하였다. 흑해 북쪽 지역을 차지하고 있던 쉬티(Scythi)족에 대한 기술에서(『역사』 제4권, 1-144) 헤로도토스는 쉬티족의 문화 수준이 매우 높다는 사실을 지적하면서 신에게 제사 지내는 의식, 장작이 충분하지 않은 상황에서 고기를 굽는 방식, 전쟁과 관련된 전통, 점술가들이 점을 치는 방식, 서약하는 방식, 왕의 장례의식 등을 세밀하게 기술하였다. 그는 이러한 관습에서 향료와 관련 있는 몇 가지 사실을 인용하였다. 실제로 쉬티족은 뜨거운 돌 위에 대마(삼나무) 씨를 던져 증기를 발생시키는 방식으로 몸을 정화시켰다(『역사』 제4권, 75, 1-2). 그 외에도 쉬티족은 향료를 직접 제조하였는데, 이에 대해 헤로도토스는 향료의 사용법과 효능을 다음과 같이 기술하였다.

> 여성들은 삼나무(키파리쏘스Kypárissos), 시트론 나무(케드로스Kédros) 그리고 향나무(리바노스Líbanos)의 장작을 표면이 거친 돌 위에 올려놓고 잘게 부수면서 그 위에 물을 부었다. 다음에는 이 걸쭉한 반죽을 얼굴과 몸에 발랐다. 이렇게 해서 몸에서는 향기가 발산되었다. 이튿날 아침에 씻어내면 피부가 매끄럽고 윤이 났다.(『역사』 제4권, 75, 2-3)

이것은 삼나무나 레바논삼나무(서양 삼목)의 장작과 같이 주변 지역에서 쉽게 구할 수 있는 향료를 외부에서 들여온 다른 향료와 함께 사용하여 아름다움을 유지하는 처방이었다.

헤로도토스는 이미 호메로스의 서사시에서 그리고 기원전 7~6세기의 서사시들에서 이미 언급된 적이 있는 계수나무, 향, 수지, 장미 외에도 육계나무, 소합향 그리고 레다논을 추가하였다. 또한 그는 전설의 향신료, 향료에 대한 독특한 관습 그리고 제조법을 추가로 기술하였을 뿐만 아니라 이들을 아라비아, 마케도니아 그리고 쉬티아(Scythia)와 같은 구체적인 지역들과 결부시켰다. 결과적으로 헤로도토스는 향료와 이들이 생산된 지역의 관계를 고려하여 학명을 만들었고, 이는 한 세기 후에 테오프라스토스의 연구를 통해 계승되었다.

4

고대 그리스 아티카 지역의 극작품에 언급된 향수들

기원전 5세기 아테네는 최초로 공연된 위대한 연극을 남긴 아이스킬로스(Aischylos), 비극으로 이름을 떨친 소포클레스와 에우리피데스, 그리고 희극으로 유명한 아리스토파네스뿐만 아니라 몇몇 다른 작가들의 존재로 매우 유명하였다. 비록 비극 작품들이 고대의 신화를 소재로 사용하고, 희극이 당대의 인물과 주제를 패러디하여 무대에 올린 것이기는 하지만 몇몇 시인은 꽃, 화관, 향료 그리고 각종 립스틱과 같은 주민들의 관습을 간단하게나마 표현하기도 하였다. 기원전 5~4세기에 크게 발전하였던 아고라의 시장에서는 향신료와 각종 향수를 포함해 각지에서 수입된 물품이 거래되었다.

비극 작품 속 향수

아테네오스는 백과사전식 작품 『연회의 소피스트들』에서 현재는 전해 내려오지 않는 일련의 무대극을 인용하면서 향신료와 향수에 대해 기술하고 있다(제15권, 686c-692e).

비록 산발적이기는 하지만 아이스킬로스, 소포클레스 그리고 에우리피데스의 작품을 통해 신에게 제물을 바치는 의식에서 사용되는 다양한 향에 대한 내용을 찾아볼 수 있다. 일부만이 현존하는 풍자극 아미모네(Amimone, fr. 14 Radt)에서 아이스킬로스는 향수(미라Mýra)와 바카리스(Bákkaris)를 구분하였다. 이 부분을 인용하였던 아테네오스는 이러한 구분에 대해, 바카리스가 향수가 아닐 수도 있다고 추측한다(『연회의 소피스트들』 제15권, 690c). 소포클레스 역시 아테네오스가 인용한—일부만이 현존하는—두 작품에서 바카리스에 대해 언급하였으며(fr. 1032 Radt), 풍자극 『심판(Il giudizio)』에서는 아프로디테와 아테나를 대비하면서, 향수를 뿌리고 거울에 비친 자신을 바라보는 기쁨의 여신으로 아프로디테를 소개하고, 아테나는 올리브유를 바르고 체조연습을 하는—지혜와 이성 그리고 덕의—신으로 묘사하였다(fr. 361 Radt).

향료, 향수와 관련된 내용은 삼류 비극 작가의 작품에

서도 찾아볼 수 있다. 기원전 5세기에 아테네에서 살았으며 수많은 무대극 대본을 쓴 아케오(Acheo)는 비극 작품 『놀이 게임(I giochi)』에서 이집트 향료에 대해 언급하면서 이것이 은과 동일한 가치를 가지고 있다고 하였으며(fr. 5 Radt), 풍자극 『에톤(Ethon)』에서는 바카리스 향수에 대해 언급하였다(fr. 10 Radt). 마찬가지로 기원전 5세기에 아테네에서 살았으며 부분만 전해지는 작품을 많이 쓴 키오(Chio)의 이온(Ione)은 비극 작품 『옴팔레(Omfale)』에서 다음과 같은 사실을 지적하였다.

> 펠롭스(Pelops) 섬의 풍속보다는 사르디(Sardi) 섬의 바카리스 오일, 향수 그리고 피부에 사용하는 화장품에 대해 제대로 알아야 할 필요가 있다.(fr. 24 Radt)

희극 작품 속 향수

이미 언급한 바와 같이, 희극 작품 작가들은 시민들의 생활환경, 전통 그리고 인물을 패러디하였다. 그리고 이러한 요인은 향유나 향수 사용과도 관련이 있었다. 아리스토파네스도 가장 알려진 자신의 작품에서 이러한 요인에 대해 언급하였다. 그는 페리클레스의 죽음 이후 클레온(Kléon)이나 알키비아데스(Alkibiádēs) 같은 정치인의 통치를 받으면서 소크라테스의 영향력이 컸던 아테네 사회와 정치적인 활력을 잘 읽어냈던 인물이다. 아리스토파네스는 기원전 427년에 쓴 『만찬을 준비하는 사람들(Banchettanti)』에서 탕자인 아들과 아버지의 대화 그리고 검소한 젊은이와 낭비벽이 심한 또 다른 젊은이의 대화를 통해 악습과 덕목을 대조적으로 교차시켰다. 이 주제에는 사그다스(Ságdas) 또는 읍사그다스(Pságdas), 즉 위의 인물들 중 한 명이 여러 물건 가운데 선택하였다고 말한 바로 그 향수에 대한 내용이 포함되어 있다(fr. 213 Kassel-Austin). 아리스토파네스는 기원전 411년에 무대에서 공연된 작품과 제목은 같지만 줄거리가 다른 희극 작품 『테스모포리에의 여인들(Le donne alle Tesmoforie)』에서 바카리스라고 불린 향수를 언급하였다. 반면 역시 일부만 남아 있는 희극 작품 『텔메소스(Quelli di Telmesso)』에서는 기원전 5세기와 4세기 초반 사이에 아테네에서 상당히 유명했던 메갈레이온 향수에 대해 기술하고 있다(fr. 549 Kassel-Austin). 향수에 대한 또 다른 출처는 기원전 392년의 희극 작품 『위원회의 여인들(Le donne all'assemblea)』인데, 여기에서 저자는 향료를 지칭하는 용어로 미리스마타(Myrísmata)가 아니라 미로마타(Myrṓmata)를 사용하였다(v. 1117).

향수와 관련된 또 다른 정보는 기원전 5~4세기 사이에 아테네에서 살았던 희극 작가들로부터 얻을 수 있다. 알카이오스는 향수와 자기 시대에 유행하던 관습을 설명하는 과정에서 향료 뿌리는 행위를 동사 형태의 미리사스타이(Myrísasthai)로 표현하였다(fr. 23 Kassel-Austin). 더 구체적인 자료는 동시대의 다른 저자들로부터 얻을 수 있는데, 그리스 투리 출신이지만 아테네에 거주하였던 알레씨(Alessi)는 향수가 뇌의 건강을 지켜준다는 사실을 지적하면서, 서정 시인에 대한 대목에서는 향수와 리디아 왕국의 긴밀한 관계에 대해 언급하기도 하였다(fr. 67 Kassel-Austin). 그는 계속해서 향수가 특별한 만찬에서 상당히 중요한 역할을 한다고 하였는데, 그의 주장은 다음과 같다.

> 이미 크로노스(Cronos)의 시대부터 그랬듯이,
> 향기는 설화석고•의 그릇에서 풍기지 않고,
> 네 마리의 비둘기를 서로 다른 향수에 적신 후
> 제우스신을 위해 날려 보낸다. 이들은 주변을 날면서
> 우리의 망토와 침대를 향수로 적신다.
> 그리스의 군주들이여, 이 때문에 우리를 미워하지 말기를
> 나는 아이리스 향수(이리논 미론Írinon mýron)의 비에
> 젖어든다네.(fr. 63 Kassel-Austin)

• 고대 조각용으로 많이 사용한 대리석-역주

희극 분야의 시인들은 자기 시대의 향수와 관련해, 각기 용도가 다른 향수의 종류와 제조업자의 이름에 대해 언급하였다. 아낙산드리데스(Anassandríde)는 페론(Perone)의 향수(미론 테 파라 페로노스mýron te parà Pérōnos)나 고가의 이집트 발삼 향수에 대해 기술하였다. 특히 칼리스트라토스(Kallistratos)와 같은 인물은 이집트 발삼 향수가 발에 바르는 유지(油脂)로 사용된 사실과 함께(fr. 41 Kassel-Austin) 향수 제조업자 메갈로(미라 메갈레이아Mýra megálleia)가 발명한 향수들에 대해서도 기술하였다(fr. 47 Kassel-Austin).

시인들은 아테네의 아고라 시장이 얼마나 많은 향신료와 방향제로 흘러 넘쳤는지 증언한 바 있다. 안피데(Anfide)는 메갈로(Megallo) 향수(메갈레이온 미론 Megálleion mýron)와 민닥스로 불린 다양한 향(민닥스 바실리케Mindax basilikê)에 대해 말한 바 있다(fr. 27 Kassel-Austin). 또한 안티파네스(Antiphănes)는 향수 제조업자 페론이 만든 육계나무 향수(킨나모니논Kinnamṓninon)와 라벤더(나르디논Nárdinon)뿐만 아니라(fr. 37 Kassel-Austin), 좋은 품질이 아닌데도 2미나의 고가에 팔릴 만큼 비싼 방향성 수지 스탁테(Staktê)에 대해 언급했다(fr. 222 Kassel-Austin). 테베의 크라테스(Kràtes)는 바실레이온(basíleion)으로 불리는 향수에 대해 기술하였고, 에필리코(Epilico)는 바카리스 향수(Bákkaris)와 사그다스(Ságdas)에 대해 기술하였다(fr. 1 Kassel-Austin). 헤르미포스(Hérmippos)는 시리아 향(Libanōtós)과 발라노스(Bálanos) 그리고 파플라고니아(Paflagonia) 지역에서 생산되는 아몬드 나무에 대해 기술하였다(fr. 63 Kassel-Austin). 에우불로스(Éubulos, fr. 100 Kassel-Austin)와 에우폴리스(Éupolis, fr. 204 Kassel-Austin)는 여성들이 읍사그다스(Pságdas, 또는 사그다스)를 지나치게 사용한다고 비난하였으며, 페레크라테스(Pherecrătes)는 브렌테이온(Bréntheion, fr. 105 Kassel-Austin)으로 불린 향수와 더불어 향수 제조업자 메갈로에 대해(fr. 149 Kassel-Austin) 언급하였다. 또 마네테스(Magnetes)는 바카리스 향수(fr. 3 Kassel-Austin)에 대해 언급하였다. 희극 작가 플라톤은 연회에 대해 설명하면서 향(리바노토스Libanōtós) 외에 이집트의 향수(아이깁티온Aigýption)와 아이리스 향수(이리논Írinon)에 대해서도 지적한 바 있다(fr. 71 Kassel-Austin). 스트라티데(Strattide 또는 스트라티스Strattis)는 향수 제조업자 메갈로와 디니아(Dinia)에 대해 설명하였는데, 특히 디니아는 이집트 출신이지만 아테네에서 왕성하게 활동한 것으로 되어 있다(fr. 34 Kassel-Austin). 끝으로 희극 작가 테오폼포스(Theòpompos)는 향수 제조업자 페론에 대한 소식을 전하였다(frr. 1, 17

Kassel-Austin).

유쾌한 장면 묘사만 남아 있는 희극 작품들에서도 향수에 대한 정보를 찾아볼 수 있다. 이런 작품에서 작가들은 패러디를 통해 방향성 제품이 신체의 특정 부분에 사용된 사실을 강조하였는데, 안티파네스(Antiphănes)는 이에 대해 다음의 목록을 남겼다.

[A] 씻는 건 바로 이런 걸세!
[B] 그게 뭔데?
[A] 황금으로 장식된 항아리의
이집트 발삼 향수(아이깁티온 미론Aigýption mýron)를
발과 다리에 바르고,
야자 오일(포이니키논Phoiníkinon)을 두 볼과 가슴에 바르고,
박하향 발삼 향수(시심브리논Sisýmbrinon)를 팔에 바르고,
마요라나 향수를 머리카락과 눈썹에 바르고,
백리향 향수(헤르필리논Herpýllinon)를 무릎과 목에 바르고
(…) (fr. 105 Kassel-Austin)

케피소도로스(Kephisódoros) 역시 희극 작품 『트로포니오스(Trofonios)』에서 두 사람이 조금은 껄끄러운 대화를 나누면서 예상치 못한 향수 사용에 대해 이야기하는 것을 다음과 같이 기술하였다.

[A] 산티아! 몸에 바를 수 있게 아이리스 향수(이리논Írinon)와
장미 향수(로디논Rhódinon)를 사 오거라,
그리고 발에 바를 수 있게 바카리스 향수(Bákcharis)도 부탁한다.

[B] 제기랄! 나보고 주인님 발에 바를 바카리데 꽃(Baccaride) 향수를 사 오라는 말인가요?
바카리데 꽃 향수를 살 돈 때문에 저보고 매춘을 하라는 말인가요?(fr. 3. Kassel-Austin)

끝으로 니코스트라토스(Nicostratos)는 만찬에 대한 묘사에서 한 사람의 입을 통해 다음과 같이 말한다.

그리고 자네,
두 번째 테이블을 준비하고
모든 음식을 가져오게.
향수(미론Mýron), 화관, 향(리바노토스Libanōtós) 그리고
아울로스 연주자 몇을 데려오게.(fr. 27 Kassel-Austin)

이렇게 희극 작가들은 기원전 5~4세기에 아테네에서 소비되던 향료와 향수에 대해 많은 정보를 제공하였다. 이러한 정보는 그 출처가 대부분 일부만이 전해 내려올

뿐이라 정확한 날짜와 내용에 대해서는 알려진 것이 없다. 하지만 이들은 당시에 활동하던 향수 제조업자, 판매되던 향수와 방향성 제품, 그리고 그 사용법과 고객에 대한 다양한 소식을 제공하고 있다.

이러한 정보가 희극 작품에서 유래하였다는 것은 그리 놀라운 일이 아니다. 실제로 비극 작품은 수정작업을 통해 신화를 각색하는 경우가 많았던 반면, 희극 작품은 동시대의 현실을 바탕으로 특정 상황을 과장하여 표현하고 인물들과 그들의 관습 및 삶의 스타일을 변형시키는 패러디를 거치기 때문이다. 비록 많은 경우 등장인물이 정치에 관련된 역할로 분장하였지만 그래도 관습은 시대의 진정한 모습을 그대로 반영하고 있었으며, 여기에는 당대의 가장 유명한 향수 판매점에서 구입한 향수를 과도하게 사용하는 것도 포함되었다.

향수는 시장이 열리고 상점이 들어선 아고라에서 판매되었다. 기원전 5~4세기 사이에 헤로도토스(『역사』 제2권, 173)와 투키디데스(『펠로폰네소스 전쟁』 제8권, 92)에서 이미 여러 차례 언급된 바와 같이 아고라의 시장은 상업 활동으로 특화된 장소였다. 투키디데스(『펠로폰네소스 전쟁』 제2권, 38, 2)와 희극 작가 헤르미포스(Hérmippos), 크세노파네스(Le entrate, V, 3), 그리고 크세노파네스의 가명을 사용한 인물(La costituzione degli Ateniesi, II, 7; 11-3)이 말한 바와 같이 향수판매는 최대의 수입을 보장받는 거래였다 (fr. 63 Kassel-Austin).

위에서 인용한 자료를 보면 아고라의 이곳저곳이, 여기에서 구입 가능한 상품의 기능에 따라 각기 다른 명칭으로 표현되고 있다(Crizia, 88, B70 Diels-Kranz; Senofonte, *Economico*, VIII, 22). 아고라에는 아리스토파네스(Aristofane, *Vespe*, 789)와 안티파네스(Antiphănes, fr. 123 Kassel-Austin)가 작품에서 인용했던 생선 파는 곳, 채소 파는 곳(Aristofane, *Lisistrata*, 557), 치즈(Lisia, *Contro Pancleone*, [XXIII] 6)가 있었고, 호두 그리고 다양한 과일(테오프라스토스, *Caratteri*, II), 테라코타 질그릇(Aristofane, *Lisistrata*, 557), 철제기구(Senofonte, *Elleniche*, III, 3, 7)도 판매되고 있었다. 그 밖에 화장품만 파는 곳도 있었는데, 이에 대해서는 아리스토파네스(*Cavalieri*, 1375) 외에도, 기원전 5~4세기에 활동했던 폴리젤로(Polizelo, fr. 12 Kassel-Austin), 페레크라테스(Pherecrătes, fr. 2 Kassel-Austin), 에우폴리스(Éupolis, fr. 222 Kassel-Austin)와 같은 여러 희극 시인들이 언급한 바 있다. 화장품에는 향수도 포함되는데, 위의 인물들은 화장품 파는 곳을 토 미론(tò mýron)으로 표현하였다. 소크라테스의 제자 크리치아(Crizia)의 증언에 따르면, 기원전 5세기 후반 이곳에는 향을 파는 사람들(리바노토폴라이Libanōtopôlai)이 활동하고 있었다(88 B70 Diels-

Kranz). 또한 희극 작가 에우불로스(Éubulos, fr. 74 Kassel-Austin)에 따르면, 이곳에서 장미와 히야신스 같은 향기로운 꽃도 판매되었다.

희극 작가들은 아고라의 시장에서 가장 흔하게 판매되던 향료 중 지중해 향신료에 대해 기술하였는데, 예를 들면 다음과 같다. 수생박하, 박하꽃(마요라나), 장미, 아이리스와 백리향(헤르필리논Herpýllinon), 그리고 미라 스탁테(Mirra staktê)와 같이 먼 이국땅에서 기원하는 외국산 향신료들, 헤르모포스(Ermoppo)가 시리아에서 유래된 것이라고 지적한 바 있는 향(리바노토스Libanōtós), 육계나무와 라벤더, 안피데스가 민닥스 바실리케(Míndax basilikê, fr. 27 Kassel-Austin)라는 명칭으로 불렀던 페르시아 향이 있다. 또한 희극 작가들은 향수를 만드는 데 재료로 사용된 향신료에 대해서도 인용하였다. 그 결과, 이들 중 대부분은 아마라키논(Amarákinon, 미론mýron)으로, 백리향은 헤르필리논으로, 수생박하는 씨썸브리논(Sisýmbrinon, 미론mýron)으로, 육계나무는 킨나모니논(Kinnamôninon, 미론mýron)으로, 라벤더는 나르디논(Nárdinon, 미론mýron)으로, 야자기름은 포이니키논(Phoiníkinon, 미론mýron)으로 불린 것으로 파악된다.

시인들은 향기의 명칭을 기술하면서 많은 향기들이 향수 제조술을 통해 '인공적'으로 만들어졌다는 사실을 알려주었다. 그 대표적인 사례는 민닥스 바실리케(Míndax vasilikê), 브렌테이온(Bréntheion), 바실레이온 미론(Basíleion mýron), 메갈레이온 미론(Megálleion mýron), 이집트 향수 아이깁티온 미론(Aigýption mýron), 바카리스(Bákkaris), 사그다스(Ságdas) 또는 읍사그다스(Pságdas) 그리고 끝으로 키오의 이온이 인용한 사르디아노스 코스모스(Sardianòs kósmos)이다. 많은 경우에 기원전 7~6세기의 화려한 서정시에서 보이듯이, 향기가 언급된 배경은 연회였으며 연회에는 신에게 헌물을 바치는 의식이 동반되고 음악과 노래가 함께하였다. 또한 참석자에게는 많은 포도주와 함께 화관과 향수가 제공되었으며 미리 정해진 목표물을 향해 포도주를 뿌리는 코타보스(Kóttabos) 게임이 벌어졌다.

시인들은 아테네오스의 사례(『연회의 소피스트들』 제15권, 669c-686c)에서 보듯이, 자신들의 희극에서 화관 제작에 대한 내용도 언급하였다. 크라티노스(Kratînos)는 나르시스 화관(fr. 394 Kassel-Austin)뿐만 아니라, 장미와 국화와 제비고깔속에 속하는 델피니움, 샤프란, 히아킨토스(Hyacinthus), 밀집꽃(Helichrysum), 또는 원추리꽃(Hemerocallis)으로 만든 화관에 대해서도 언급하였다(fr. 105 Kassel-Austin). 알레씨(Alessi)는 한 번은 무화과꽃 화관에 대해, 또 한 번은 전동싸리로 만든 화관에 대해 기술하였다(frr. 119; 4 Kassel-Austin). 에우불로스는 백리향속 식물이나 은매화로 만든 화관에 대해 말하였으며(fr. 104 Kassel-Austin), 세나르쿠스(Xenarchus)는 참피나무 화관에 대해 인용하였다(fr. 13 Kassel-Austin). 페레크라테스는 만찬에 대한 기술에서 화관 제작을 위한 재료로 아욱과 식물, 히야신스, 전동싸리, 장미, 마요라나 향수, 미나리과 셀러리 식물 뿌리, 단풍나무, 제비고깔꽃뿐만 아니라(fr. 138 Kassel-Austin), 연꽃(Lotos), 사초과에 속하는 방동사니꽃(Cyperus), 미나리과꽃(Chervil) 그리고 오랑캐꽃에 대해서도 언급한 바 있다(fr. 114 Kassel-Austin). 그 외에도 페레크라테스는 화관을 거래하는 시장(Stephanômata), 그리고 노란장대속(Sisymbrium)과 제비고깔꽃인 델피니움에 대해 이야기할 때 언급되어야 할 장소인 향수가게(tò mýron)에 대한 기록을 남겼다.

희극 분야의 시인들은 작품을 통해 향기로운 꽃과 향수가 널리 사용되던 삶의 관습과 스타일에 대해 서술하였다. 만찬에서 방향성 꽃과 향수를 사용하는 것, 수지(송진)와 향, 육계나무, 라벤더와 같이 값비싼 외국산 향신료에 대한 언급, 몇 가지 향기와 특별한 향신료 그리고 리디아 왕국의 왕과 페르시아 제국의 궁정을 함께 고려해보면, 서정 시인들이 묘사한 기원전 7~6세기의 사회와 마찬가지로 기원전 5~4세기에도 향수 사용은 사회 전반의 보편적인 현상이 아니라 특별한 귀족 가문이나 무역활동에서 부를 축적한 사람들에 국한되어 있었다는 사실을 알 수 있다. 이러한 사실은 몇몇 희곡 작품을 통해서도 확인되는데, 실제로 케피소도로스(Kephisódoros)는 『트로포니오스』에서 주인이 발에 사용할 목적으로 아이리스 향수와 장미 향수 그리고 바카리스 향수를 사 오라고 여종 산티아(Santia)에게 명령하는 장면을 묘사하고 있다(fr. 3 Kassel-Aistin). 마찬가지로 아낙산드리데스(Anassandríde)는 『프로테실라오스(Protesilaos)』에서 기원전 4세기 후반에 활동하던 아테네의 웅변가이자 정치인 칼리크라테스(Callicratès)를 매우 값비싼 이집트 향수를 발에 바르는 장면에 등장시켰다(fr. 41 Kassel-Austin). 이처럼 계속해서 향수는 특별한 물건으로, 그리고 소수의 엘리트 계층을 위한 즐거움으로 남아 있었다.

5

철학자와 향수

헤로도토스와 같은 그리스 서정 시인들과 희극 작품의 시인들이 향료와 향수를 종교적이고 지리적이며 신화적이고 사적인 화장품 차원에서 고려하였다면, 기원전 5~4세기 아테네의 철학자들은 향수를 학문 연구의 대상으로 간주하였다. 향의 기원, 냄새의 성격 그리고 향기의 기능에 대한 고찰은 물론, 향수 제조와 에센스 추출기술에 대한 연구도 모두 아테네 철학자들 덕분이었다. 이러한 연구는 기원전 6~5세기 소크라테스 이전 시대의 철학자들에게서 추진되었는데, 이 문헌들은 대부분 일부만이 전해져 내려온다. 이들 중 몇몇 문헌은 냄새와 후각에 대한 궁금증에 다양한 답변을 제공하였다. 냄새의 성격에 대한 이론과 이를 감지하는 메커니즘을 처음으로 제시한 인물은 헤라클레이토스였다. 헤라클레이토스는 기원전 6~5세기 초반의 철학자로서 지속적인 변화를 통해 복합적인 특징을 드러내는 모든 것들의 기원을 집중적으로 기술하였다. 일부만이 남아 있는 작품에서 헤라클레이토스가 냄새를 감지하는 신체의 능력에 관심을 집중하고 있는 모습을 살펴볼 수 있다. 이는 아리스토텔레스가 인용한 바 있는데, 이와 관련해 헤라클레이토스는 다음과 같은 사실을 강조하였다.

> **만약 모든 것이 연기로 변한다면 코는 이들을 구분해낼 수 있을 것이다.**(22 B7 Diels-Kranz)

기원전 6세기 후반 크로토네(Crotone)에서 살았으며 피타고라스 및 그의 학파와 관계를 맺고 있던 알크메오네(Alcmeone)는 의사이자 생리학자로서, 향수에 관한 매우 확실한 정보를 제공하는 이론을 만들었다. 역시 일부만이 전해오는 자료에 의하면 알크메오네는 의학 분야의 연구에서 크게 업적을 남긴 인물이었다. 알크메오네에 따르면 뇌는 생각이 자리하는 곳이고, 건강은 상반된 요인(습한 것/건조한 것, 추운 것/더운 것, 쓴맛/단맛)이 균형을 이룰 때 가능하다. 마찬가지로 질병은 한 요인이 다른 요인에 비해 두드러질 때 발생한다. 후각에 대한 알크메오네의 이론은 이러한 연구에 근거하였다. 알크메오네는 공기 중에 머무는 냄새가 코를 통해 몸으로 들어가 뇌에 도달한다고 하였다(24 A5 Diels-Kranz).

헤라클레이토스와 알크메오네(Alcmeone) 이외에도 소크라테스 이전 시대의 철학자들은 후각에 관심을 가지고 있었다. 기원전 5세기에 활동하던 아그리젠토의 엠페도클레스는 몸이 호흡을 통해 감지하는 냄새가 작고 가벼운 물질들에서 기원한다고 주장하였으며(31 A86, 9; A94; B100-2 Diels-Kranz), 이와 마찬가지로 기원전 5세기에 아테네에 살았던 아낙사고라스(Anaxagóras)는 호흡과 후각의 감지가 밀접한 관련이 있다고 생각하였다. 아낙사고라스의 판단에 따르면, 작은 동물이 덩치 큰 동물에 비해 한층 발달된 후각능력을 가지고 있으며, 아무리 작은 냄새라도 알아챌 수 있었다고 한다(59 A92, 30 Diels-Kranz). 같은 방식으로, 기원전 5세기에 활동하면서 아테네에 얼마간 머물렀던 디오게네스는 공기 중의 작은 냄새를 느낄 수 있는 동물은 향기를 감지하는 한층 뛰어난 능력도 가지고 있다고 보았다(64 A19 Diels-Kranz).

소크라테스 이전 시대의 철학자들 이외에도 기원전 5~3세기에 아테네에서 살았던 소크라테스, 플라톤, 아리스토텔레스 그리고 테오프라스토스는 향수, 후각 그리고 냄새의 성격과 발생에 대해서뿐만 아니라 이 주제와 관련하여 고려해볼 가치가 충분한 다양한 관점과 방식에 대해서도 관심을 가지고 있었다.

소크라테스

소크라테스(기원전 469~399)는 그리스 역사를 대표하는 인물 중 하나이다. 그는 아테네의 군인으로서 스스로 가장 완벽한 행동을 추구하면서 삶의 편안함과 재력을 포기한 채, 집요하게 진실을 추구하였다. 기원전 399년, 소크라테스는 새로운 신을 끌어들이고 젊은이들을 타락하게 만들었다는 죄목으로 고발을 당하였다. 그는 결백했지만 죽음을 피해 도망가기보다는 미나리속과의 독약을 마시고 죽음을 선택한 것으로 유명하다.

소크라테스는 아무런 기록도 남기지 않았다. 오히려 그의 제자들, 특히 크세노파네스와 플라톤이 스승의 삶과 연구방법론 그리고 스승의 이론을 조명하였다. 거짓된 주장들에 대항한 진리탐구는 소크라테스의 주된 관심사였다. 그는 관심의 대상을 자연에서 인간으로 옮겨 무엇이 숭고하고 무엇이 경건하지 못한 것인지, 무엇이 아름답고 무엇이 흉한 것인지, 무엇이 옳고 무엇이 그른 것인지, 무엇이 현명하고 무엇이 어리석은 것인지, 무엇이 용감하고 무엇이 비굴한 것인지, 무엇이 사람을 선하게 하고 무엇이 사람을 악하게 만드는지 자문하면서 인간의 가치에 대한 토론을 이끌어갔다(크세노파네스, *Memorabili*, I, 1, 16).

크세노파네스가 인용한 에우티데모스(Eutidemos)와의 대화에서(IV, 5, 2-12), 소크라테스는 기쁨이나 고통 속에서 스스로를 통제하는 원리를 설파하였으며 쾌락에 빠져 있는 사람의 악습과 덕목을 구분하였다. 또한 소크라테스에 따르면 인간은 쾌락을 극복해야만 동물적인 필요(욕구)로부터 해방될 수 있으며, 그리하여 이성으로 충동을 억제하는 자유로운 육신의 경지, 그리고 행복의 정점에 도달하는 데 유일한 수단으로 간주되는 덕의 독자적 상태에 도달할 수 있었다. 이것이 바로 아우타르케이아(Autárkeia)•의 이상적 상태다.

위에서 간략하게 기술한 내용을 참고한다면 소크라테스가 비종교적인 차원에서 향수와 그 사용에 대해 어떻게 생각하고 있었는지를 짐작할 수 있다. 아래의 인용문은 크세노파네스가 『향연(Simposio)』에서 기술한 내용이다.

> 플루트 연주자가 연주를 마치자 한 어린 소년이 체트라 연주를 시작하였다. 그리고 두 사람의 연주에 만찬 참석자들이 흡족해하는 것처럼 보였을 때, 소크라테스는 다음과 같이 말하였다. "제우스를 위해, 칼리아(Callia) 당신은 완벽한 만찬을 제공하였습니다! 실제로 식탁에는 이보다 더 좋을 수 없는 음식들이 준비되었고 우리는 화려한 볼거리와 즐거운 연주로 마음이 흡족합니다." 칼리아는 다음과 같이 화답하였

• 아우타르케이아(autárkeia): 자족의 의미로 키니크학파 및 스토아학파에 있어서 현자의 이상을 뜻함.

다. "무슨 말씀이십니까, 누군가 만찬을 더 향기롭게 만들기 위해 향수를 들여오면 어쩌시려고요?" 소크라테스는 답했다. "과분한 말씀이십니다. 실제로 여자와 남자에게 각각의 의상이 제공되었지요. 게다가 이들에게는 다양한 향수까지 제공되었습니다. 제 생각에는 어떤 남자도 다른 사람에게 주어진 것과 똑같은 향수를 제공받지 않았습니다. 여자들, 특히 이 자리에 참석한 니체라토(Nicerato)와 크리토불로스(Critobulos)의 아름다운 신부들에게 왜 향수가 필요하겠습니까? 이미 그들은 그 자체로 향기나 다름없지요. 하지만 고대 그리스 시대의 김나지움 오일•이 여기 있다면 여성의 향기보다 더 향기로울 것이고, 없다면 그 무엇보다 간절할 것입니다. 실제로 향유를 바르면 노예든 자유인이든 상관없이 온몸에서 향기가 발산됩니다. 하지만 자유인에 걸맞은 품위를 회복하고자 한다면 분주한 행동으로 인한 (땀) 냄새에는 세심한 주의와 시간을 들여야 할 것입니다." 리코네(Licone)는 다음과 같이 대답하였다. "그것은 젊은이를 위한 것이지요. 우리처럼 별로 움직이지 않는 사람들에게는 어떤 향이 필요할까요?" 소크라테스가 말하였다. "숭고한 영혼입니다." (『향연』 제2권, 2-4)

소크라테스는 만찬에서 향수를 사용하는 귀족계층의 습관에 반대하고 있었다. 그가 향수를 거부한 것은 윤리

• 김나지눔(Gymnasium) 오일: 고대 그리스 시대 소년들이 체력단련을 하면서 몸에 사용하던 오일

적인 이유 때문이었다. 다시 말해 그는 운동을 통해 덕을 배양하는 것을 지지하였고, 여자나 남자들이 향기를 사용하는 것은 좋지 못한 습관으로 간주하였다. 세모니데스(Semonides)는 향기를 풍기는 여성이 그녀의 남편과 가족에게는 불행이기 때문에 여성의 향수 사용을 반대하였지만, 만찬에서 남자들이 향유를 사용하는 것에는 찬성하였다. 하지만 소크라테스는 만찬에 대한 귀족들의 전통을 비판하면서 덕의 이름으로 이를 남자와 여자 모두에게 일괄 적용하였다.

플라톤

플라톤 역시 아테네 문화권에 속했던 인물이다. 기원전 428년에 출생한 플라톤은 소크라테스의 제자다. 스승이 죽은 후 플라톤은 처음으로 메가라(Megara)에 갔으며 기원전 388년에는 독재자 디오니시오 1세(Dionisio I)의 초대를 받아 시라쿠사에 갔다. 기원전 378년 아테네로 돌아온 후에는 철학 학교인 아카데미를 설립하고 다양한 지역에서 온 젊은이들에게 철학을 가르쳤으며 기원전 347년 사망할 때까지 이 학교를 이끌었다.

아카데미 설립 초기에는 플라톤에게 스승 소크라테

스의 영향이 강하게 남아 있었다. 하지만 시간이 흐르면서 플라톤은 독자적인 철학이론을 형성하였다. 플라톤은 『고르기아스(Gorgia)』와 『티마이오스(Timeo)』에서 서로 다른 두 가지 관점으로 향수에 대한 견해를 피력하였다. 기원전 388년경에 쓴 『고르기아스』에서 플라톤은 주로 수사학의 성격에 대해 서술하였다. 그는 체육, 의학, 입법, 사법으로 대변되는 네 가지 긍정적인 기술(技術) 그룹과는 반대로, 수사학을 음식, 화장, 소피스트와 함께 네 가지 부정적인 기술(技術) 그룹에 포함시켰다. 사색의 차원에서 볼 때, 각 그룹에 속한 앞의 두 가지 기술(체육과 의학, 음식과 화장)은 육체와 관련이 있고, 다른 기술(입법과 사법, 소피스트와 수사학)은 영혼과 관련이 있었다. 플라톤은 화장을 부정적인 기술로 간주하면서 다음과 같이 서술하고 있다.

> 음식에 대한 유혹은 의학으로 간주되는 반면, 외모와 피부색, 의복으로 천박하게 스스로를 꾸미는 것은 운동으로 간주된다. 외적인 아름다움을 가꾸는 남자들은 운동으로 얻어지는 자기 자신에 소홀하다. 잘 알아들을지 모르겠지만 기계적으로 간단히 설명하면, 스스로를 꾸미는 것은 체육으로, 마찬가지로 소피스트 철학(Sofistica)은 법률제정의 기술로, 그리고 음식이 의학으로 간주된다면 이와 마찬가지로 수사학

은 정의(正義)로 간주된다.(『고르기아스』, 465b-c)

플라톤은 스승과 다르지 않은 견해로 향수를 화장술에 암묵적으로 포함시키면서, 덕과는 대치되는 요인으로 간주하였다.

기원전 360년경에 쓴 『티마이오스』에서 플라톤은 인간의 몸과 그 기능, 질병, 건강에 대해 폭넓게 연구하면서 냄새에 대해서도 관심을 표하였다. 그는 냄새가 형성되는 과정에 대해 다음과 같이 설명하였다.

> 코의 능력과 관련해 특별한 것은 없다. 실제로 각각의 냄새는 절반으로 나누어진 것이고 모든 형태는 특정한 냄새를 가질 정도로 비율적으로 구조화되어 있다. 이와 관련해 우리가 느끼는 감각은 토양과 물의 형태와 밀접한 반면, 불과 공기의 형태와는 전혀 관련이 없다. 따라서 우리는 이러한 요인들에 대해 그 어떤 냄새도 감지할 수 없는 것이 사실이다. 반면 냄새들은 습기를 머금었거나 부패하여 해체되었거나 또는 증발된 것들로부터 발생하였다.
>
> 실제로 물이 공기가 되고 공기가 물이 되면 냄새는 이러한 요인들이 변화하는 도중에 형성되며, 연기 또는 연무가 된다. 공기에서 물로 변하는 것이 연무이며, 물에서 공기로 변하는 것이 연기이다. 따라서 모든 냄새는 물보다 작고 공기보다

크다. 만약 호흡에 어려움을 겪으면 억지로 공기를 들이마시려고 할 것이다. 실제로 이 경우, 어떤 냄새도 호흡을 통해 들어오지 않으며 공기는 아무런 냄새 없이 흘러들어 온다.

이러한 이유로 다양한 냄새들은 이름도 없는데, 그 이유는 이들이 많은 종류로 구성되지도 않고 단순한 종류로 분류되지도 않으며 단순히 좋은 냄새와 나쁜 냄새로 구분되기 때문이다. 후자는 머리와 배꼽의 중간에 있는 모든 구멍에서 강한 자극과 폭력을 발생시키고, 전자는 이를 완화시키면서 서서히 자연 상태로 환원시킨다.(『티마이오스』, 66d-67a)

냄새의 근원은 물에서 공기로 그리고 그 반대의 전환 과정을 통해 구별되며 이로 인해 발생한 연기와 연무는 좋은 냄새 또는 좋지 못한 냄새를 풍겼다.

아리스토텔레스

아리스토텔레스의 가르침 역시 기원전 4세기 아테네를 배경으로 하였다. 아리스토텔레스는 기원전 384년 할키디키 반도의 스타게이라에서 출생하였지만 어린 시절 아테네로 이주하여 플라톤의 아카데미에서 교육을 받았다. 기원전 347년 스승이 사망하자 아카데미의 운영은 스페

우시포스(Spéusippos)에게 넘어갔는데, 이 시기에 아리스토텔레스는 독재자 아타르네오스(Atarneos)의 초대로 아쏘스(Assos)에 갔다가 나중에는 젊은 알렉산드로스의 스승으로 마케도니아의 미틸레네로 갔다. 기원전 335년, 마케도니아의 필립이 사망하자 그는 아테네로 돌아와 리체오 철학학교(또는 소요학파)를 세웠는데, 이곳에서 테오프라스토스, 아리스토세누스(Aristoxenus), 에우데모스(Eudemos) 그리고 메논(Menon)과 함께 활동하였다. 그는 기원전 322년에 죽을 때까지 이 학교를 이끌었던 것으로 알려져 있다.

플라톤과 마찬가지로 아리스토텔레스 역시 냄새의 기원과 후각기능에 관심을 가지고 있었다. 그는 『감각에 대하여(Sul senso)』(제5권, 442b-445b)에서 물과 공기 모두에서 발견된다고 생각한 '마른 증기'와 냄새를 결부시켰다. 아리스토텔레스에 따르면 냄새는 증기도 아니고 가스도 아니었으며, 물과 공기 중에 존재하는 마른 증기가 냄새를 발생시켰다. 플라톤과는 달리 아리스토텔레스는 자극적인 냄새, 달콤한 냄새, 신 냄새, 강하고 기름진 냄새를 구분하였으며, 후각과 맛을 비슷하게 간주하면서 악취는 쓴 냄새로 여겼다. 이때, 낮은 온도는 향을 무디게 하고 냄새를 차단하였다. 동물이 먹을 것과 관련된 냄새에만 끌렸다면, 살아 있는 생명체 중 오직 인간만이 냄새 그 자체에서 기쁨을 얻었다고 볼 수 있다.

헤라클레이토스, 알크마에온(Alcmaeon), 엠페도클레스 그리고 아낙사고라스와 마찬가지로 아리스토텔레스 역시 호흡으로 냄새를 감지한다고 생각하였다. 실제로 육체는 냄새를 받아들인 다음 이를 뇌로 보내 기쁨과 행복감을 느끼게 하지만 피타고라스학파의 이론과는 반대로 아리스토텔레스는 냄새가 아무것도 배양하지 않는다고 주장했다. 다섯 개의 감각 중 후각은 한편으로는 촉각과 미각 사이, 다른 한편으로는 시각과 청각의 중간에 위치하고 있었다.

아리스토텔레스는 『영혼론(Sull'anima)』(제9권, 421a-422a)에서도 냄새에 대해 언급하였다. 이전 저술과 마찬가지로, 아리스토텔레스는 다른 감각과 비교했을 때 그리고 동물에 비해 사람의 후각이 덜 발달했기 때문에 후각을 규정하기가 쉽지 않았다고 서술했다. 호흡과정에서 공기를 들이마시면 몸이 냄새를 받아들이고 이를 뇌에 전달한다. 한편 뇌는 냄새를 감지하는 과정에서 행복과 건강을 느낀다. 아리스토텔레스는 향(달콤한 향과 쓴 향)과 냄새의 밀접한 관계를 강조하면서 냄새를 다섯 혹은 여섯 개의 범주로 구분하였다. 단 냄새, 쓴 냄새, 자극적인 냄새, 신 냄새, 기름진 냄새이다. 그는 냄새가 물속에서도 감지될 수 있다고 생각했지만 물에 사는 동물만이 이를 느낄 수 있다고 하였다.

아리스토텔레스는 냄새를 구분할 때 플라톤이 제시한 두 가지 기본 범주와는 달리 여섯 가지로 분류하였고, 냄새가 마른 증기에서 생산되는 원리를 언급하였다. 또한 그는 미각과 후각이 밀접한 관계에 있다고 보았으며 냄새 그 자체(예를 들면 꽃)와 음식의 냄새를 구분하였다. 뿐만 아니라 사람을 냄새 그 자체를 감지함으로써 즐거움을 느낄 수 있는 유일한 존재로 보았다. 이는 유의미하고 한 발 앞선 연구로서 소요학파의 새로운 연구에 가능성을 열어주었다.

아리스토텔레스 『자연학의 제문제(Problemi di fisica)』: 냄새와 후각

『자연학의 제문제』는 아리스토텔레스가 아니라 제자들이 완성한 저술이다. 문제에 대하여 저자가 답변을 하는 형식으로 구성된 이 저술은 여러 가지 잡다한 주제를 다룬다. 특히 제12부(906a, 22-907b, 19)에는 좋은 냄새에 대한 언급이 있고, 제13부(907b, 20-909a)에는 좋지 않은 냄새에 대해 기술하고 있다. 두 가지 냄새의 성격과 기원은 다음 표와 같다.

좋은 냄새

문제	답변
송진(수지)에서 풍기는 연기는 이를 감지하는 거리가 멀어질수록 약해진다.	향수는 공기와 섞이면서 향의 일부를 상실한다.
꽃의 향수와 수지는 가까운 거리에서 맡으면 좋은 느낌을 덜 준다.	향기는 흙 성분과 섞이면 좋은 느낌을 덜 준다.
무지개는 향기를 발산한다.	냄새의 발산을 결정하는 요인은 무지개가 아니라 나무나 향기 식물에 비가 내릴 때이다.
움직이는 모든 것은 자신의 향기를 잘 퍼트린다.	움직임을 통해 대기에 향기가 가득 퍼진다.
냄새는 겨울에 덜 느껴진다.	추위는 공기의 확산, 다시 말해 냄새의 확산을 감소시킨다.
재로 태워진 향료는 불로 태워진 향료보다 더 강한 향기를 발산한다.	향료는 센 불보다 잔불에서 한층 더 은은하고 천천히 탄다. 이런 방식으로 향기는 보다 천천히 퍼지며 더 오래 유지된다.
장미는 매끄러운 부분보다 꺼칠꺼칠한 부분이 더 향기롭다.	자신의 본래 성격을 유지하는 모든 물질은 한층 향기롭다.
달콤한 냄새를 가진 씨앗과 식물은 소변 배출을 용이하게 한다.	식물과 씨앗의 열량이 이들의 동화작용을 용이하게 한다.
물을 탄 포도주는 순수한 포도주와는 달리 향을 상실한다.	물은 포도주의 효능을 잃게 한다.

좋지 않은 냄새

문제	답변
몸 안에 있는 소변은 강한 냄새를 가지고 있으며, 소변 찌꺼기의 냄새는 상대적으로 강하지 않다.	소변은 농도가 짙어지는 과정에서 보다 냄새가 강해지며, 소변 찌꺼기는 물기가 빠지면서 냄새의 일부가 사라진다.
먹을 때는 음식의 나쁜 냄새를 느끼지 못한다.	후각이 포화상태라서 그렇다.
꽃이 시들어 쭈글쭈글해지면 나쁜 향을 발산한다.	꽃의 흙 성분이 꽃의 향과 합해지면 좋지 않은 냄새가 난다.
표범은 향기를 가진 유일한 동물이다. 다른 동물은 좋지 않은 냄새를 낸다.	이러한 차이는 잔류물이 다르게 합쳐진 결과이다.
죽은 동물은 부패하면서 나쁜 냄새를 발산하지만 식물은 마르면서 향기를 낸다.	식물은 건조하고 따뜻하기 때문에 부패하지 않는다. 반면 동물은 이러한 특징을 가지고 있지 않다. 따라서 동물의 살은 부패하며 나쁜 냄새를 발산한다.
좋지 않은 냄새는 더울 때 더 잘 느껴진다.	열은 공기 중 냄새의 확산을 촉진한다.
마늘은 몸속에서 소화되면 소변으로 냄새를 내보내지만 다른 향기로운 물질들은 그렇지 않다.	다른 방향성 물질과는 달리 마늘은 이뇨작용을 하며 위에서 공기를 발생시키고 복부에 가스를 차게 한다.

문제	답변
금식하는 사람은 많이 먹는 사람과 달리 숨차게 된다.	금식할 경우 위장은 활동을 하지 않으며 그 속의 공기 냄새는 호흡으로 배출된다. 반대로 위장이 음식물로 가득 차면 공기 냄새는 음식물 냄새로 인해 느껴지지 않는다.
겨드랑이에서는 나쁜 냄새가 풍긴다.	통풍이 잘되지 않으면 나쁜 냄새가 난다.
나쁜 냄새를 풍기는 사람이 향수를 사용해 치아를 닦는다.	향수는 열을 증가시켜 더 많은 땀을 흘리게 하며, 나쁜 냄새를 증가시킨다.
허리가 구부러진 사람은 호흡을 가쁘게 한다.	이들은 혈액순환이 좋지 않다. 따라서 몸이 습해지고 숨이 차면 몸이 구부러진 채 부패하기 시작한다.
나쁜 냄새를 풍기는 사람이 사용하는 발삼 향수는 이 향수를 사용하는 사람들에게도 좋지 않은 느낌을 준다.	나쁜 냄새는 땀과 같이 몸에서 발산되는 악취가 향수와 합해져 나타난 결과이다.
움직임은 나쁜 냄새의 확산을 용이하게 한다.	움직임으로 요동치는 공기는 우리의 후각에 나쁜 냄새를 더 빠르게 전달한다.

소크라테스 이전의 철학자들과 플라톤, 아리스토텔레스 그리고 아리스토텔레스학파의 초기 연구 이후 보다 체계적인 조사가 시작되었다. 이들의 관심은 냄새의 기원뿐만 아니라 냄새가 상황에 따라 변하는 것에 집중되었다. 이렇게 해서 무지개가 향기의 원인이라는 전설이 신빙성을 상실하였으며, 모든 냄새가 형성되는 데 있어 하나의 원리를 찾아내는 등 플라톤에 비해 더욱 세밀하게 분류하려는 노력이 시작되었다. 플라톤의 분류는 비록 좋지 않은 냄새와 좋은 냄새 두 가지에 근거하였지만 그럼에도 불구하고 이 분야에서 계속 하나의 기준으로 남아 있게 되었다.

6

동양과 서양:
향신료의 군주, 알렉산드로스

역사적 배경

알렉산드로스의 아시아 원정과 페르시아 제국 정복은 향료와 향신료의 생산, 구매와 거래 그리고 소비를 촉진하는 지역들이 알려지는 계기가 되었다. 이미 수십 년 전에 왕위에 오른 필립 2세(기원전 360)는 그리스 세계의 정치지도에 변화를 가져왔으며 마케도니아를 세계사의 새로운 주역으로 등장시켰다. 뛰어난 외교력과 강력한 군대 덕분에 필립 2세는 여러 그리스 공동체를 점진적으로 복속시키는 데 성공하였으며, 카이로네이아(Cheronea, 기원전 338) 전투에서 아테네와 테베를 격파한 후에는 코린트 동맹을 결성하고, 이후 페르시아 군사원정에 그리스 세력을 끌어들였다. 그가 호위대에 의해 갑작스런 죽임을 당한 후에는 그의 아들 알렉산드로스가 왕위를 계승하였다.

기원전 335년 아시아 원정에서 알렉산드로스는 처음에

는 트로아스(Troade)의 그라니코스(Granico) 전투에서, 그리고 두 번째로는 시리아의 이소스(Isso) 전투(기원전 333)에서 페르시아를 격파하였으며 메소포타미아의 가우가메라 전투(기원전 331)에서는 결정적인 승리를 거두었다. 그는 군사적인 승리 덕분에 소아시아 지역에 이어 페니키아와 시리아 그리고 이집트를 정복하였으며 기원전 331년 이후에는 더 동쪽에 있는 지역을 정복하였다.

알렉산드로스는 기원전 316년 인도의 이파시(Ifasi) 강변에서 벌어진 전투에서 이 지역의 왕 포로(Poro)를 제압하고 신하로 삼은 후에, 더 이상의 원정을 수행하기에는 너무나 지쳐버린 군인들의 요청을 받아들여 정복활동을 멈추었다. 그는 육지와 바닷길을 통해 오랜 귀환 길에 올랐다. 목적지는 메소포타미아의 유프라테스 강변에 위치한 바빌로니아였을 것이다. 알렉산드로스는 군대와 함께 이 도시에 도착하였으며 네아르코스(Nearchos) 해군제독과 오네시크리토스(Onesicritos) 장군은 함대를 지휘하여 인도의 해안을 탐험한 후에 페르시아 만까지, 즉 인도의 하구 지역에서 유프라테스 하구까지 항해하였다.

앞에서 강조한 바와 같이, 알렉산드로스의 아시아 원정을 통해 향료 생산지와 그 외의 향신료 생산지를 파악할 수 있게 되었다. 예를 들어 알렉산드로스가 시리아, 유대, 인도와 같이 풍부한 향료 생산지를 통과한 것, 그리고 그가 원정길에 수집한 지리 정보는 당대 혹은 후세대 역사학자, 지리학자, 식물학자들에게 귀중한 연구 자료의 원천이 되었던 것이다.

알렉산드로스와 향수

알렉산드로스와 그의 군사원정에 대한 자료는 시기적으로 늦게 등장하였다. 디오도로스 시켈로스(Diodoros Siculos, 기원전 1세기), 플루타르크(기원후 1~2세기), 퀸토 쿠리치오 루퍼(Quinto Curzio Rufo, 기원후 1~2세기), 아리아노스(Arrianos, 기원후 2세기) 그리고 유스티누스(Giustinus, 기원후 2~3세기)는 알렉산드로스의 아시아 원정에 참여한 후에 군사원정이 끝난 지 불과 몇 년 만에 다양한 사실을 기술한 여러 저자로부터 많은 정보를 인용하였다. 이러한 자료에는 신빙성 있는 소식 이외에 진실성이 의심스러운 많은 일화들이 복합적으로 포함되어 있었다.

여러 주제 가운데 알렉산드로스와 관련 있는 주제는 향수이다. 고대 그리스의 역사가 에피포스(Éphippos Olinto, 기원전 4~3세기)에 따르면, 알렉산드로스는 향수 에센스를 좋아하였다고 전해진다(126, fr. 5 Jacoby). 정확한 날짜는 알려지지 않았지만 2세기 웅변가 폴룩스(Pollux)

의 기록에 따르면, 소도네의 아브델로니모(Abdellonimo di Sodone)라는 사람이 헤나(봉선화)를 원료로 만든 향수 키프로스(Kýpros)와 나리꽃(크리논, Krínon)으로 만든 향수를 선물하였다고 한다(*Onomasticon*, VI, 105 Bethe). 이외에도 플루타르크에 의하면, 알렉산드로스의 몸은 옷을 향기롭게 하는 자연스러운 향기에 물들어 있었다고 한다(*Vita di Alessandro*, IV, 4).

어린 시절부터 알렉산드로스는 향수에 관심이 많았다. 하루는 알렉산드로스의 교육을 맡은 스승 레오니다(Leonida)가 알렉산드로스에게서 향기가 나는 걸 느끼고 "네가 향수가 생산되는 지역을 지배하는 군주가 되면 원하는 만큼 충분히 사용할 수 있을 것이다. 하지만 지금은 가지고 있는 걸 절약해서 쓰거라"라고 말하였다. 세월이 지나 가자(Gaza)를 정복하고 수많은 전리품을 얻게 되자, 알렉산드로스는 자신의 첫 스승에게 500달란트의 향을 선물로 보내고 어머니인 올림피아스(Olimpiade)에게는 수지 100개를 선물로 보냈다. 그리고 스승에게는 선물과 함께 "당신에게 많은 양의 향과 수지(송진)를 보냈습니다. 왜냐하면 당신이 신들에게 적대적이지 않기를 바라기 때문입니다"라는 글을 함께 보냈다(*Vita di Alessandro*, XXV, 6-8; Plinio il Vecchio, *Storia naturale*, XII, 62; Plutarco, *Detti di re e imperatori. Alessandro*, 4 = *Opere morali*, 179e).

알렉산드로스는 이소스 전투에서 승리한 후 페르시아 왕의 욕조와 내실을 차지하였다. 욕실에는 금으로 세공된 일련의 화장실 용품과 은은한 향기가 가득하였다. 반면 거대한 내실은 커튼으로 장식되어 있었으며 테이블에는 음식이 가득 차려져 있었다. 알렉산드로스는 막대한 부와 사치에 감탄하면서 "이것들이야말로 왕이나 다름없구나!"라고 말하였다(*Vita di Alessandro*, XX, 13). 동양적인 삶의 방식에 푹 빠진 알렉산드로스는 가우가멜라 전투에서 승리한 후에 아테네오스가 회상한 것처럼 기이한 관습을 적극적으로 도입하였다.

> 알렉산드로스는 향기 좋은 포도주와 향수 에센스를 바닥에 뿌리도록 하였으며 자기가 보는 가운데 향과 다른 향료들을 태우게 했다. 주변 사람들은 미신적인 행위와 종교적인 침묵 앞에서 수심이 가득하였는데, 그 이유는 알렉산드로스가 스스로 피범벅이 된 모습을 연출하여 마치 미친 사람처럼 보였기 때문이다.(『연회의 소피스트들』 제7권, 537f-538a)

알렉산드로스와 향신료 지역으로의 탐험 여행

일련의 일화들 이외에도 알렉산드로스는 휘하의 장군들에게 향료 생산지 탐험원정을 지시할 만큼 향료에 대해 많은 관심을 가지고 있었음을 고려할 필요가 있다. 알렉산드로스는 거리를 측정하는 전문가들인 '베마티스타(Bematista)'들을 거느리고 있었다. 이들은 장소를 알아내는 것뿐만 아니라 다양한 지역들에 대한 정보를 수집하는 역할도 수행하였다. 대표적인 인물들인 바이톤(Bation), 디오네투스(Diognetus), 그리고 필로니데(Filonide)는 이러한 정보를 『스타트모이(Statmoí)』에 남겼다.

먼 지역들에 대해 궁금해하였던 알렉산드로스는 수많은 임무를 약속하였다. 실제로 그는 기원전 331년, 메노네(Menone)라는 인물에게 아르메니아를 탐험할 것을 지시했었다. 비록 메노네는 지역주민들의 저항에 부딪혀 성공하지는 못했지만 두 명의 테살리아 출신 장교인 키르실로스(Kyrsilos)와 메데이오스(Medeios)는 훗날 스트라본의 저술에서 언급된 많은 유익한 정보들을 수집하는 데 성공하였다(*Geografia*, XI, 14, 9). 기원전 329년 알렉산드로스는 아시아의 소그디아나 지역에 위치한 라사르테 강 너머의 지역을 탐험하기 위해 마케도니아 출신 장교인 데르다스(Derdas)를 파견해 지역주민들을 복속시키고 많은 유익한 지역정보를 수집하였다(Curzio Rufo, VII, 6, 12; Arriano, *Anabasi di Alessandro*, IV, 1, 1-2; 15, 1). 기원전 325년에는 메안드로스(Meandros)의 마그네시아(Magnesia) 출신인 장교 토아스(Thoas)에게 아시아의 사막을 건너 해안지역을 탐험하여 상륙이 가능한 지점, 강, 지역 자원에 대한 정보를 수집하도록 하였다(VI, 23, 2-3). 계속해서 알렉산드로스는 기원전 325년 두 명의 장군인 크레타 섬 출신의 네아르코스와 오네시크리투스(Onesicrito)에게 인도와 페르시아 사이의 해안들을 탐험하고 그 너머 지역들에 대한 정보를 수집하는 임무를 부여했다. 반면 기원전 324~323년에는 아르치아스(Archias), 아나시크라테(Anassicrate) 그리고 타소 출신의 안드로스테네스(Androsthenes)에게 아라비아 반도의 해안을 정찰하라고 지시하였다(Strabone, *Geografia*, XVII, 4, 4; Arriano, *Anabasi di Alessandro*, VII, 19, 3-22). 기원전 323년 알렉산드로스는 죽기 얼마 전 제로네(Ierone)에게 아라비아 반도를 탐험하여 이집트 도시인 헬리오폴리스(Heroonpolis)에 도달하는 임무를 주었으며 계속해서 헤라클리데스 폰티쿠스(Heraclides Ponticus)를 아시아의 히르카니아(Ircania) 지역에 보내 함대를 건조하여 카스피 해를 탐험하도록 지시하였다. 하지만 이러한 일련의 노력은 알렉산드로스의 죽음으로 중단되었다(VII, 16, 1; Stabone, *Geografia*, XI, 7, 4).

네아르코스는 필립 2세가 마케도니아 궁정으로부터 쫓아버렸던 아들의 친구들 중 한 명이었는데, 네아르코스와 오네시크리토스의 원정과 여러 차례의 아라비아 탐험은 지역향료들을 알게 되는 중요한 계기가 되었다. 기원전 336년 부친이 사망하자 알렉산드로스는 리키아(Lykia)와 다흐타우(Tauro) 산에 이르는 모든 지역에 대한 관리를 네아르코스에게 위임하였다. 기원전 329년 네아르코스는 자신의 군대에 마케도니아 군대를 흡수시키고 3년 후에는 히다스페스(Idaspe) 강변에서 함대를 건조하고 인도와 해안지역들에 대한 정보를 수입하는 임무를 수행하였다. 기원전 325년 이란의 수사(현재는 슈시Shush)에 도착한 알렉산드로스는 네아르코스에게 공로의 대가로 금관을 주었다.

네아르코스는 여행정보를 기록으로 남겼는데, 그 제목은 『인도의 페리플로스(Periplo dell'India)』였을 것으로 추정된다. 부분적으로만 남아 있는 이 저술에는 그가 탐험했던 지역에서 생산되는 방향성 물질들에 대한 내용이 포함되어 있었다. 실제로 그는 마체타(Maceta)로 불린 아라비아의 해각 근처에 함대가 정박했다는 사실을 언급하면서, 주민들이 이곳에서 육계나무(Cinnamomo)와 다른 향료들

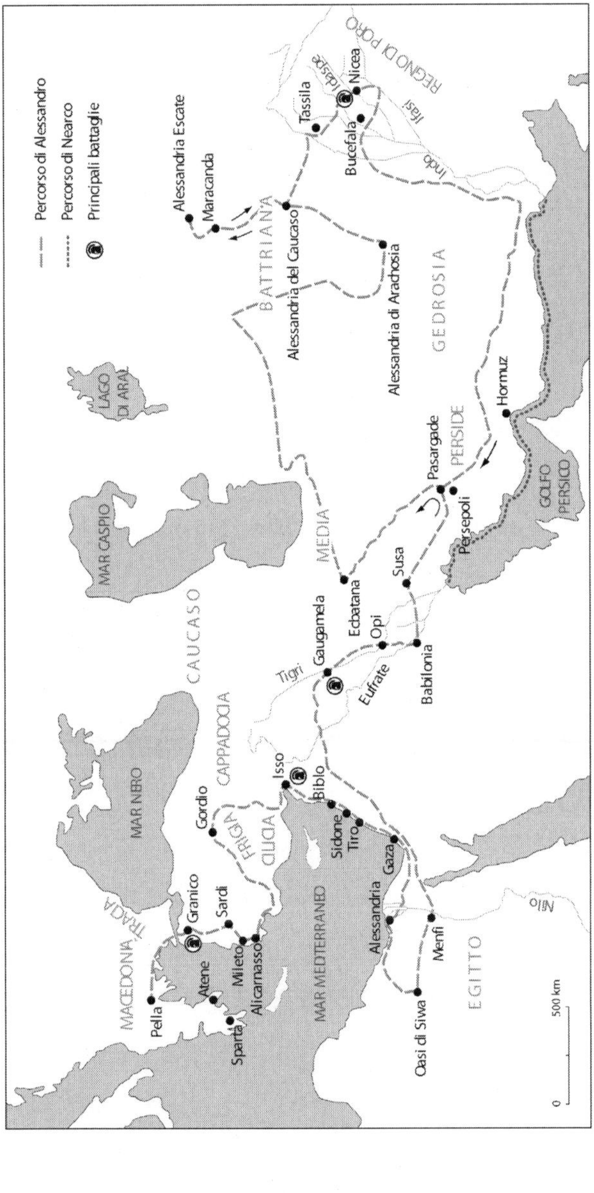

[그림 4] 알렉산드로스의 아시아 원정•

• 출처: M. Bettalli, A. L. D'Agata, A. Magnetto, *Storia guerra*, Roma 2013, p.264.

을 수입하였으며 상인들이 게라(Gerrha)의 지역들에서 생산된 향과 다른 아라비아 지역의 모든 향료들을 바빌로니아 근처의 디리도티(Diridoti)라는 마을로 모았다고 하였다(133, frr. 1d; 1f Jacoby). 네아르코스는 향나무가 유프라테스 강 하구의 전면에 위치한 섬들에서 자랐으며 절단했을 때 강한 향기를 발산했다고 전했다(133, fr. 28 Jacoby).

기원전 325년의 원정에는 오네시크리투스 역시 네아르코스 함대의 책임 조타수 또는 평범한 조타수로 참가하였다. 오네시크리투스 역시 알렉산드로스로부터 수사에서 임무를 완수한 공로를 인정받아 금관을 수여받았다. 그는 지금은 남아 있지 않지만 일부만 전해져 내려오는 글에서 아시아 원정에 대해 기술하고 있다. 그는 자신의 책에 방향성 물질과 관련한 몇 가지 사실에 대해 언급하였다. 실제로 그는 인도의 남부지역에서 육계나무, 라벤더 그리고 다른 향료들이 풍부하게 생산되었다고 언급했다. 아라비아와 에티오피아와 같은 다른 향료 생산지역들과 동일한 차원에서 인도의 남부지역을 고려할 필요가 있다는 것이다(134, fr. 22 Jacoby).

지리학자인 스트라본(기원전 1세기~기원후 1세기)은 알렉산드로스가 기원전 324~323년에 단행한 원정에 대해 언급하였는데, 그는 이러한 정보들을 지리학자인 에라토스테네스(Eratostene di Cirene, 기원전 3~2세기)로부터 그리고 특히 아리아누스 니코메디아(기원후 2~3세기)로부터 인용하였다. 특히 아리아누스 니코메디아는 아리스토불로스(Aristobulo di Cassandrea)로부터 얻은 직접적인 자료에 근거해 글을 썼다. 관련 내용의 일부를 인용하면 다음과 같다.

> 아리스토불로스가 말한 것처럼 [알렉산드로스는] 바빌로니아에서 함대도 목격하였다. 일부는 네아르코스의 지휘하에 페르시아 해로부터 유프라테스 강을 거슬러 올라왔으며, 나머지는 페니키아로부터 도착하였다: 2척의 페니키아 선박인 쿠인쿠에레메(또는 두 척의 펜테레스), 3척의 쿠아드리레메(그리스어의 테트레레스), 12척의 트리레미스 그리고 30레메 크기의 배 30척. 이 배들은 해체된 후에 페니키아로부터 유프라테스 강 근처의 도시인 탑사코(Tapsaco)까지 운반되었으며 이곳에서 다시 조립된 후에 바빌로니아까지 항해하였다. 아리스토불로스는 알렉산드로스에서 다른 함대가 바빌로니아의 삼나무로 건조되었다고 증언하였다. 아시리아에는 오직 이 나무만이 풍부하였을 뿐 배를 건조하는 데 있어 필요한 다른 나무들은 부족하였다. 선원들과 다른 작업자들을 위한 다양한 종류의 장비들은 페니키아와 해안의 다른 지역들에서 가져왔다. 아리스토불로스에 따르면, 알렉산드로스는 바빌로니아에 1,000대의 선박이 정박할 수 있는 항구와 조선

소를 건설할 것을 지시하였다. 알렉산드로스는 클라조메나이 출신의 미칼로스를 500달란트와 함께 페니키아와 시리아에 보내 가능한 모든 선원들을 고용하거나 임금을 주고 그들을 데려올 수 있게 하였다. 실제로 [알렉산드로스]는 페르시아 해의 걸프 만 해안지역과 주변의 섬들을 식민지로 만드려는 의도를 가지고 있었다. 즉, 그는 이 지역을 페니키아보다 더 번성한 지역으로 만드려는 의도를 가지고 있었다. 함대의 모든 여정은 대부분 아랍인들을 겨냥하고 있었는데, 그 이유는 야만인들 중에 오직 아랍인들만이 사절단을 보내오지 않았을 뿐만 아니라 아무런 존경의 표시도 드러내지 않았기 때문이었다. 하지만 내가 생각하건대, 진실은 알렉산드로스가 새로운 정복에 결코 만족하지 않았기 때문이었을 것이다.

보편적으로 알려진 전통에 따르면 알렉산드로스는 아랍인들이 오직 우라노스, 디오니소스만을 숭배한다는 이야기를 들었다. 아랍인들이 우라노스를 존중한 이유는 우라노스가 하늘의 신이고 아랍인들은 하늘을 항상 볼 수 있었으며 또한 우라노스가 모든 별들과, 모든 위대하고 거대한 축복을 인간들에게 가져다주는 태양을 가지고 있기 때문이다. 아랍인들이 디오니소스를 존중한 것은 그의 인도 원정 때문이었다. 알렉산드로스는 자신이 디오니소스의 인도 원정에 결코 못지않은 인도 원정을 단행하였고 또한 아랍인들도 복속시킨 후에, 자신이 정복한 인도인들에게 자신들의 관습에 따라 살도록 했던 것과 마찬가지로, 이들에게도 자신들의 관습에 따라 살도록 했다는 사실에 큰 자부심을 가지고 있었기 때문에 아라비아인들이 자신을 첫 번째가 아닌 세 번째의 신으로 섬긴다는 사실에 마음을 상해 하지 않았다. 알렉산드로스가 원정을 생각한 것은 이 지역의 부(富) 때문이기도 하였다. 알렉산드로스는 아랍인들의 땅에서 계수나무가 자라고, 나무에서 수지와 향을 얻으며, 관목으로부터 육계나무를 얻고 들판에서는 라벤더가 자란다는 말을 들었다. 게다가 이 지역은 정말 방대하였다. 아라비아의 해안 지역은 인도의 해안지역에 비해 결코 부족하지 않았으며 수많은 섬 근처에는 연안이 형성되어 있어서 언제든 함대가 정박할 수 있는 항구들이 있고 번영할 수 있는 도시를 건설할 수 있었다. 알렉산드로스는 바다와 합류하는 유프라테스 강 하구에 있는 두 개의 섬에 주목하였는데, 이 섬은 유프라테스 강의 포구에서 멀지 않은 곳, 즉 해안 그리고 강의 입구에서 120스타디아(stadia)의 거리에 있었다. 또한 이곳은 모든 종류의 나무들이 울창하게 자라는 아주 작은 섬이었다. 이곳에는 아르테미스의 신전이 있었으며 그 주변에 섬의 주민들이 모여 살고 있었다. 섬에서는 야생 염소와 사슴이 자유롭게, 그리고 아르테미스의 축복을 받으며 방목되고 있었다. 여신에게 제물을 바치기 위한 것이 아니라면 사냥은 금지되어 있었다. 따라서 제물을 구하기 위한 사냥은 신성모독이 아니었다. 아리스토불로스에 따르면, 알렉산드로스는 이 섬을 에게 해에 있는 이카로스 섬의 이름을 따서 이카로스(Icarus)로 부르기를 원했다고 한다. 전통에 따르면 다이달로스의 아들인 이카로스는 땅에서 가까운 곳에서 비행하라는 아버지의 지시를 어기고 하늘 높은 곳까지 날아 태양의 열로 인해 날개의 깃털들을 부착시켰던 초가 녹으면서 땅으로 추락했다고 전해진다. 이렇게 해서 알렉산드로스는 이 섬과 바다에 자신의 이름을 남겼는데, 하나는 이카로스(Icaros)이고 다른 하나는 이카리오스(Icarios)였다. 다른 섬은 유프라테스의 하구에서 하루 한나절 동안 바람의 도움을 받아 배로 항해해야 도착할 수 있는 거리에 위치하였다. 그 이름은 톨로스(Tolos)였다. 이 섬은 통과하기가 불가능하지도, 나무가 울창하지도 않았지만, 과실이 잘 자라 계절의 열매들을 얻을 수 있었다. 이러한 소식은 30명이 노를 젓는 배 한 척으로 아라비아를 향한 연안항해의 탐험을 위해 파견되어 틸로(Tilo)에 도착하는 데는 성공했지만 그 너머의 지역으로는 더 이상 진출하지 못했던 아르키아•에 의해 알려졌다. 파견된 또 다른 인물인 안드로스테네(Androstene)는 30명이 노를 젓는 배 한 척으로 아라비아 반도의 일부를 탐험하였다. 하지만 파견된 모든 인물들 중에 항해가인 시라쿠사의 제로네 1세(Ierone di Soli)가 유일하게 알렉산드로스로부터 30명이 노를 젓는 배를 제공받아 보다 멀리까지 항해하였다. 그는 이집트의 헤론폴리스(Heroonpolis) 근처에서

• 아르키아(Archia): 그리스 신화에 등장하는 인물로 전설에 따르면 시라쿠사를 건설하였다고 한다.

시작해서 아라비아 반도 주변까지 항해하라는 지시를 수행하였다. 하지만 아라비아 반도를 가장 폭넓게 항해한 그 역시 그 이상의 항해는 시도하지 않았다. 귀환한 후에 그는 알렉산드로스에게 아라비아 반도가 인도보다는 조금 못하지만 얼마나 방대한지 그리고 아라비아 반도의 해각이 대양을 향해 열려 있다는 사실을 보고하였다. 페르시아의 걸프 만으로 방향을 틀기 전까지 네아르코스와 함께 인도에서 출발해 항해한 자들은 아라비아 반도의 해각이 자신들로부터 멀지 않은 곳에 위치하고 있다는 것을 목격하였으며, 이곳에 도착하는 데 시일이 얼마 걸리지 않는다는 사실을 알게 되었다. 이러한 항해는 오네시크리토(Onesicrito)의 의견이기도 하였다. 하지만 네아르코스(133, fr. ie Jacoby)는 이에 반대하였는데, 페르시아의 걸프 만을 따라 항해를 마친 후에 자신이 수행한 임무에 대해 알렉산드로스에게 보고하기를 원하였기 때문이었다. 그가 파견된 이유는 대양을 항해하는 것이 아니라 바다에 인접한 지역을 정찰하여 항구와 바다의 자원, 그곳 주민들의 풍속, 그리고 농사에 적합한 비옥한 토지와 황량한 지역이 어디인지 파악하기 위해서였다. 이러한 정찰이 목적이었기에 알렉산드로스의 함대는 큰 사고 없이 무사히 임무를 수행할 수 있었다. 다시 말해 만약 아라비아의 사막 지역 너머로 항해를 하였다면 심각한 사태에 직면하였을지도 모를 일이었다. 제로네 1세가 더 이상의 항해를 포기하고 귀환한 것은 바로 이러한 이유 때문이었다.(Aristobulo, 139, fr. 55 Jacoby, in Arriano, *Anabasi di Alessandro*, VII, 19, 3-20)

알렉산드로스의 원정으로 그리스인들은 향신료가 생산되는 지역에 대해 보다 많이 알게 되었다. 새로운 자료들 덕분에 알렉산드로스가 정복한 지역들을 체계적으로 탐험하는 것이 가능해졌다. 이들 중 특히 인도, 아라비아 반도 그리고 홍해의 해안들은 향신료가 매우 풍부하게 생산되는 지역이었다.

그리스인들이 이러한 사실을 알 수 있었던 것은 네아르코스와 오네시크리토스와 같은 인물들의 저술, 원정 참여, 많은 기술적인 자료들과 멀리 떨어진 지역들에 대한 기록을 남긴 베마티스타들, 또한 알렉산드로스의 아시아 원정을 함께한 역사가들 덕분이었다.

아리스토불로스와 클리타르코스의 고찰

아리스토불로스(Aristobulo)와 클리타르코스(Clitarco)는 알렉산드로스에 대한 기록을 남긴 역사가들 중 특히 향료의 세계와 관련이 깊은 다양한 자료를 제공해준 역사가들이다. 기원전 370년경에 출생한 아리스토불로스는 알렉산드로스의 아시아 원정에 동참한 후, 84살의 노년에도 불구하고 원정에 대한 글을 남겼는데, 주로 군사적인 내용을 다루었지만 무역과 특히 방향성 물질들의 생산 그리고 향료 생산지를 가로지르는 동안 이들을 어떻게 구했는지에 대한 소식도 함께 기술하였다. 아리스토불로스는 아랍인들과의 무역에 대해 서술했으며(139, fr. 57 Jacoby) 몇 가지 향료와 캅카스(Caucaso) 산악 지역에 접해 있는 실피온(Silphion)이나 테레빈투스(Terebinthus) 같은 향료 생산지에 대한 귀한 자료를 제공하였다. 그는 향료의 유통경로에 대한 통상적인 이해를 비판하면서 아랍 도시인 게라의 상인들이 그들의 향신료를 아라비아 반도로부터 바빌로니아까지 육로가 아니라 해로를 이용해 거룻배(또는 큰 뗏목)로 운반하였다는 사실과 함께, 유프라테스 강을 거슬러 올라가 탑사코스(Thapsakos)에 도착한 후에는 이곳에서 주변지역들에 향료 제품을 공급했다고 밝혔다(139, fr. 57 Jacoby). 아리스토불로스는 게드로시아 사막에 대해서도 언급하면서 그 자신이 기원전 325년에 이곳을 직접 통과하였다고 하였다. 이와 관련하여 아리아노스는 다음과 같이 기술하였다.

아리스토불로스의 기록에 따르면, 게드로시아 사막에는 평

범한 수지에 비해 좀 더 거대한 크기의 송진을 가진 나무들이 자라고 있었다. 그리고 무역을 목적으로 원정에 나섰던 페니키아인들은 수지(그들 전에는 그 누구도 수확한 적이 없는 거대한 나무로부터 많은 양을 수확하였다고 전해진다)를 채집하여 소마토스라 불리는 용기에 가득 채운 후에 돌아왔다. 이 사막에는 향기가 가득한 라벤더 뿌리의 양이 무척 많았으며 페니키아인들은 이 뿌리도 수집하였다고 전해진다. 많은 뿌리가 군인들에 의해 짓밟혔는데 이 때문에 라벤더의 달콤한 향이 주변 지역까지 진동하였다. 아리스토불로스에 따르면, 사막에는 다른 종류의 나무들도 있었다. 월계수 잎과 비슷하게 생긴 잎사귀를 가진 나무들이 바닷물에 의해 침식된 공간에서 자라고 있었는데, 바닷물의 수위 저하 때문에 나무들이 마른 상태였으며, 만조 시에는 마치 바닷속에서 자라난 것처럼 보였다. 바닷물이 항상 고여 있는 구멍에서 자라는 나무의 뿌리는 늘 물에 잠겨 있었다. 이 지역의 나무들 중에는 높이가 30쿠비토(cubito)에 달하는 나무들도 있었으며, 아리스토불로스에 따르면, 이 계절에 꽃을 피웠다고 한다. 꽃은 흰색 오랑캐꽃과 비슷하지만 향기는 더욱 짙었다.(139, fr. 49a Jacoby, in Arriano, *Anabasi di Alessandro*, VI, 22, 4-7)

아리스토불루스와는 달리, 클리타르코스(Clitarco, 기원전 4~3세기)는 알렉산드로스의 아시아 원정에 대한 기록을 남겼다. 비록 원정에 직접 참가하지는 않았지만 그는 먼 지역과 인도, 특히 지역의 지리와 주민 그리고 동물들에 대한 정확한 사실들을 기록하였는데(137, frr. 12; 13; 18; 19; 21; 22; 23; 26 Jacoby), 이는 이 사실들을 알고 있는 사람들로부터 얻은 지식은 아니었다. 따라서 클리타르코스의 부친이자 페르시아에 대한 글을 남긴 콜로파네의 디노네의 저술에서 이러한 자료들을 인용하였을 가능성이 높다. 아니면, 아시아 원정에 참여한 사람들의 글을 참고하였을 공산이 더 클 수도 있다. 어쨌든 그가 향료들의 생산지에 대한 정확한 자료를 수집하여 이를 그리스 세계에 제공하였다고 볼 수 있다. 이러한 정보들은 클리타르코스와 같은 역사가는 물론 다른 연구주제들에 관심을 가지고 있던 이들도 유익하게 사용하였을 것이다.

7

향수 가게 :
테오프라스토스의 연구

테오프라스토스는 필립 왕의 그리스 정복, 알렉산드로스의 아시아 원정, 기원전 301년 알렉산드로스 사망 후에 성립된 헬레니즘 세계의 왕국들, 그리고 그의 휘하 장군들 간에 벌어진 기나긴 분쟁을 직접 목격한 역사가였다. 뿐만 아니라 철학자이기도 했던 테오프라스토스는 이러한 정치적인 사건들과 이집트의 알렉산드리아와 같은 새로운 문화 중심지들의 발전을 직접 목격한 증인이었다.

테오프라스토스는 기원전 370년 레스보스 섬의 도시인 에레소스에서 출생하였으며, 플라톤의 수업을 듣기 위해 아카데미가 있는 아테네로 거처를 옮겼다. 기원전 347년에 스승이 사망하자, 학교를 떠나 아리스토텔레스와 크세노크라테스를 추종하였고, 아쏘(Asso)를 거쳐 기원전 345년에는 미틸레네에 정착하여 10여 년간 머물렀다. 기원전 335년 아리스토텔레스가 학당을 설립하였을 당시, 테오프라스토스는 아테네로 돌아가 스승의 수업에 참여하였고 기원전 322년에는 학교 운영에 참가하였다. 그는 이 역할을 기원전 288년에 죽을 때까지 계속하였던 것으로 전해진다.

전해 내려오는 자료에 따르면 테오프라스토스는 다양한 주제의 많은 글을 남겼다. 그는 정치학에서 논리학, 동물학에서 물리학과 형이상학까지 폭넓게 연구했다고 하는데, 그의 연구 대부분은 현재 남아 있지 않다. 반면 『특징들(Caratteri)』은 거의 온전한 상태로 남아 있고, 식물학에 관한 주제의 연구서 『식물 연구(Richerche sulle piante)』와 『식물현상의 원인들(Le cause dei fenomeni vegetali)』, 그리고 『냄새에 대하여(Sugli odori)』를 포함한 일련의 글들은 지금까지도 전해 내려온다.

테오프라스토스는 알렉산드로스의 아시아 원정과 긴밀한 관련이 있다. 테오프라스토스는 식물의 성격에 관한 많은 정보를 직접적으로는 식물을 직접 찾아보거나 간접적으로는 식물을 사용해보면서 정보를 얻는 방식으로 수집하였다. 기원전 334~327년, 학당은 역사가인 칼리스테네스(Callisthěnes)에게 상당히 중요한 정보를 제공하였다. 아리스토텔레스의 조카인 칼리스테네스는 실제로 알렉산드로스의 아시아 원정에 참여하였고 삼촌과 관계를 유지하면서 자신이 방문한 지역들에 대한 많은 자료를 전달하였다. 327년, '귀족자제들의 음모(Congiura dei paggi)'로 불리는 사건에 연루되어 칼리스테네스가 사형당하자, 아리스토텔레스와 그의 제자들은 더 이상 자료를 제공받을 수 없었다. 따라서 테오프라스토스는 인도와 아라비아와 같은 지역들에 대한 정보를 얻기 위해 원정과 밀접하게 관련된 다른 자료들을 연구해야 했다. 식물들과 이들이 자라는 지역에 대한 내용이 함께 기술된 식물학 저술들은 기원전 325~323년 탐험의 임무를 수행했던 베마티스테스(Bematistes), 네아르코스, 오네시크리토스, 아르치아스, 아나씨크라테스, 안드로스테네 그리고 제로네가 남긴 글과 군인, 공학자, 건축가, 배우, 운동선수, 의사의 자격으로 원정에 참가한 후에 그리스로 귀환한 자들이 남긴 글을 바탕으로 쓰여졌다. 테오프라스토스는 이미 언급한 바와 같이, 아쏘와 미틸레네에 머문 후 말년을 보냈던 아테네에서 이러한 자료들을 얻을 수 있었다. 비록 과거와는 달리 정치적인 영향력을 행사하지는 못했지만 아테네는 여전히 가장 중요한 문화 중심지였으며, 상인들뿐만 아니라 아카데미나 학당에서 교육을 받으려는 유명 가문의 젊은이들이 모여들고 있었다.

냄새의 근원

플라톤과 아리스토텔레스와 같은 소크라테스 이전의 인물들과 비교했을 때, 테오프라스토스는 고대의 향수 제조술에 있어 획기적인 전환점을 마련했다. 그는 인간의 몸과 후각 기능과 관련해서 냄새를 연구하지 않고 식물학 관점에서 접근하였으며 이 분야에서 두 권의 연구서를 남겼다. 독자적인 형태로 현존하는 『냄새에 대하여』는 지금은 존재하지 않으나 포도주와 기름에 대한 내용을 담고 있는 『식물현상의 원인들』의 제7권에 이어지는 제8권의 일부였을 가능성이 매우 높다.

테오프라스토스는 이미 『감각에 대하여』를 통해 냄새를 연구하였으며 그 책에서 엠페도클레스와의 논쟁 중 호흡이 냄새를 감지하는 원인이 아니라 보다 분절적인 프로세스일 뿐이라는 사실을 강조하였다. 게다가 아그리젠토 출신인 테오프라스토스는 어떤 동물들은 호흡을 통하지 않고서도 냄새를 감지할 수 있는 반면, 또 어떤 동물들은 호흡과 관련된 감각기관이 있음에도 냄새를 느끼지 못한다는 확실한 증거를 제시하였다. 계속해서, 그는 몸이 가벼울수록 후각이 예민하다고 주장하는 엠페도클레스와 거리를 두면서, 공기와 불처럼 매우 가벼운 요인들은 냄새를 가지고 있지 않다고 주장하였다(『감각에 대하여』, 22-

23).

소요학파 철학자인 테오프라스토스는 『식물현상의 원인들』 제6권에서 냄새에 대한 주제에 대해 폭넓게 기술하였다. 그의 연구는 원자론자의 입장에서 후각을 제외한 다른 감각들에 대해서도 관심을 가지고 있던 데모크리토스(기원전 5~4세기)의 연구가 아니라, 이 주제에 대해 별다른 언급을 하지 않았던 플라톤(『티마이오스』, 66d-67a)과 특히 아리스토텔레스(『감각과 감각 대상에 관하여』 제5권, 442b-445b; 『영혼에 관하여(Sull'anima)』 제9권, 421a-422a)의 성찰에서 출발하였다.

아직도 미해결의 상태로 남아 있는 영역에 관심을 가지고 있던 테오프라스토스는 이미 아리스토텔레스가 언급했던 요인에서 출발해 냄새와 향기를 식물과의 긴밀한 관계 속에서 고려하였다. 스승인 아리스토텔레스가 발전시킨 개념들을 재활용한 그는 습한 물질과 마르고 흙성분이 있는 물질이 섞이면서 그리고 마른 향기와 공기나 물처럼 투명한 물질이 섞이면서 냄새가 발생한다고 확신하였다(『식물현상의 원인들』 제5권, 1, 1). 계속해서 테오프라스토스는 맛을 여덟 가지로 구분하고(달콤한 맛, 유지의 맛, 무미건조한 맛, 떫은 맛, 자극적인 냄새, 짠맛, 시큼한 맛 그리고 신맛), 이들을 감각기관에 미치는 효과에 따라 최종적으로 여덟 개의 범주로 각각 세분하였다(제6권, 1, 2-2; 4, 1).

테오프라스토스는 냄새를 무생물체 이외에도 동식물들과 관련지었다. 사람과 동물에게는 좋은 냄새이겠지만 다른 생물에게는 좋지 않거나 심지어 치명적일 수 있는 냄새를 맡을 수 있는 후각 능력이 있다. 예를 들어 벌레는 장미향을 맡으면 죽을 수 있다. 동물들은 보다 발전된 후각 능력을 가지고 있는 반면, 사람과는 달리 다양한 향기를 구분하는 능력은 가지고 있지 않다. 이러한 차이는 향을 느끼는 기관의 크기에 비례하지 않으며, 오히려 어느 향을 좋은 향 또는 나쁜 향으로 느끼는지는 동물의 종과 관련이 있다(제6권, 3, 3; 5).

향기나 냄새는 (의학적)소화의 과정에 따른 결과인 것 같았다. 향기와 마찬가지로 냄새 역시 식물, 과일, 잎사귀와 줄기, 꽃에 집중되어 있다. 꽃에서 나오는 다소 강하고 좋은 느낌의 향은 테오프라스토스가 다음과 같이 기술하고 있는 몇 가지의 유형들과 관련이 있었다.

> 소화 과정이 물기를 많이 머금은 (그리고 향기가 없는) 부분이나 지상에서 가장 멀리 떨어진 부분에서 진행되는 식물의 경우, 향기는 장미나 사프란 그리고 유사한 식물의 경우에서 보듯이 주로 꽃 부분에서 발산된다. 만약 꽃이 아무런 좋은 향기를 가지고 있지 않다면 나리꽃, 가을 수선화와 유사한 꽃들의 경우처럼 매우 강한 향을 발산한다. 어떤 꽃은 아무

런 향기도 발산하지 않을 뿐만 아니라 후각 기능을 차단하는 냄새를 풍긴다.(제6권, 14, 1-2)

향기나 냄새 모두 식물의 구체적인 부분과 관련이 있다. 때로는 뿌리에서 때로는 줄기, 잎사귀, 과실과 꽃에서 얻어졌으며(제6권, 14, 3-7), 어떤 상황에서는 건조한 기후가 향의 발산을 촉진하였다. 건조하고 바람이 많이 부는 지역에서 자라는 식물은 주변에 습기가 없기 때문에 더욱 향기롭다. 그러나 향기를 가진 대부분의 식물은 더운 지역에서 자라며, 이 중 대부분, 예를 들어 향기를 풍기는 창포, 냄새를 풍기는 갈대, 아이리스와 콩과에 속하는 전동싸리(식물)는 마른 후에야 비로소 자신들의 향기를 발산한다. 이것은 정해진 규칙이 아니다. 실제로 어떤 환경에서는 지나치게 건조한 기후가 꽃향기와 같이 좀 더 섬세한 향기를 말려버릴 수 있었다. 반면 마르멜로의 열매, 사우던우드 꽃, 아마라코스[Amárakos, 또는 마요라나(박하꽃)], 사프란(크로우커스)의 경우 식물이 과도하게 건조되면 향료가 더욱 강화되었다.

이외에도 신선한 상태에서 냄새를 풍기지 않는 몇 가지 식물에 대해 서술한 부분이 있다. 예를 들어 코로하 식물은 말렸을 때 비로소 향기를 발산하는 반면, 신선한 상태에서 향기를 발산하는 몇 가지 꽃은 말린 후에는 향기를 상실하였다. 이것은 말린 후에도 향기가 지속되는 장미가 아니라 오랑캐꽃의 경우였다(제6권, 14, 8-12).

테오프라스토스는 소요학파의 차원에서 논의된 바 있는 주제들을 재차 언급하면서, 근래에 발생한 화재 때문에 나무들이 피해를 입은 땅의 경우 냄새를 풍기게 하는 것은 무지개가 아니라 비라고 말하였다. 이와 관련하여 불은 지나치게 강하지 않은 경우 냄새의 발산을 촉진하지만, 화력이 강하게 영향을 미치는 경우에는 모든 향기를 파괴한다고 말했다(제6권, 17, 6-8).

냄새의 기원에 대해 테오프라스토스는 세 가지 문제를 제기하면서 그 이유를 궁금해하였다.

> - 몇 가지 방향식물은 향기로운 꽃을 가지고 있지 않다.
> - 야생 식물들은 사람에 의해 가꾸어진 식물들에 비해 더욱 많은 향기를 발산한다.
> - 모든 식물은 서로 다른 강도의 향기를 발산한다.
>
> 비록 냄새가 각 식물의 성격과 긴밀하게 관련이 있기는 하지만, 그럼에도 위의 세 가지 의문에 대한 답변은 동일하다. 실제로 냄새의 강도는 거리, 시간, 추위, 그리고 더위라는 네 가지 요인들에 의해 항상 결정된다.

거리의 중요성은 특히 꽃들의 향기를 감지할 때 확실하

게 드러나는데, 향기는 보통 가까운 곳에서보다는 먼 거리에서 더 잘 느껴진다. 가까운 거리에서는 향기가 토양성분들과 섞여 냄새를 잘 맡기 힘든 반면, 거리가 멀어지면 가장 순수한 형태의 냄새가 남게 된다. 냄새는 시간과도 관련이 있는데, 향이 하루 중 언제 발산되는지 그리고 향기를 만들어내는 식물의 연령에 따라서도 변화한다. 향기는 태양열이 강하여 식물을 말려버리는 정오보다 아침에 더 강하게 느껴진다. 테오프라스토스에 따르면, 이와 마찬가지로 냄새는 한 해의 절기에 따라, 너무 어려도, 너무 늙어도 안 되는 식물의 나이에 따라 달라졌다. 오래된 식물은 어린 식물에 비해 더 향기로운 것이 일반적이었다.

추위와 더위의 중요성은 두 계절의 비교를 통해 드러난다. 추위는 냄새를 약하게 하며 그리고 획일적으로 냄새를 감지하는 능력도 떨어뜨린다. 반면 더위는 몇 가지 식물의 경우 냄새를 더욱 농축시켜 지속시키며, 경우에 따라 피해를 주기도 하지만 향신료를 말리는 효과를 동반한다(제6권, 16-17, 6).

테오프라스토스는 거리, 시간, 추위와 더위 이외에도 다른 세 가지 요인을 추가하였다. 그에 따르면, 실제로 향기의 강도는 토양의 성질, 대기 그리고 온도에 의해 결정되었다. 그 증거는 같은 종(種)에 속하는 식물이 서로 다른 지역에서 성장한 경우 다른 냄새와 향기를 발산한다는 사실을 통해 알 수 있다. 예를 들어 시리아의 경우 창포와 갈대(스코이노스Schoînos)의 향이 매우 좋았으며, 키레네•의 경우 장미와 사프란의 향기가 풍부하였다. 반면 은매화는 이집트의 경우에 상당히 향기로웠으며 사이프러스, 로디 그리고 크니도스•• 지역의 경우 향기가 약했다. 테오프라스토스에 따르면 날씨가 추운 지역들에서도 방향식물이 자랄 수 있었는데, 일리리아•••의 아이리스가 그 예였다. 아이리스는 마케도니아에서 자란 것일 경우 향기로웠지만 트라키아 지방산은 아무런 향기도 풍기지 않았다(제6권, 17, 12-18, 12).

방향식물

테오프라스토스가 저서 『식물현상의 원인들』에서 식물의 세계를 대상으로 후각, 냄새의 근원에 대해 연구했다면 두 번째 연구인 『식물 연구』에서 그는 외래종들을 포함하여 일련의 방향 식물에 대한 많은 정보를 제공하였다.

테오프라스토스는 『식물현상의 원인들』과 『냄새에 대하여』에서도 언급한 바와 같이 향기의 근원이 꽃, 잎사귀, 줄기, 뿌리 그리고 수지(송진)에 있다는 사실을 강조하였다. 꽃들은 식물의 끝부분에 위치하고 있기 때문에 뿌리

• Cirene: 고대 그리스 식민지로 오늘날의 리비아 샤하트 마을이다.
•• Cnidos: 아나톨리아의 에게 해에 접한 터키 도시.
••• Illiria: 발칸 반도의 서부에 위치한 도시.

나 수지와는 달리 향기를 가장 쉽게 발산하였다. 뿌리의 경우 부서뜨리거나 잘라야 했지만, 수지는 따뜻하게 해야 했다(『식물 연구』 제9권, 7, 36). 그는 향기를 가진 꽃들의 목록을 제시하면서[나리꽃, 나르시스, 장미, 꽃 박하(마요라나), 제비꽃, 사프란(크로우커스)], 향기에 있어 온도와 토양이 얼마나 중요한가를 다음과 같이 지적하고 있다.

> 장미, 카네이션 그리고 다른 모든 꽃들의 향기에 있어 토양은 기후만큼이나 중요하다. 이집트에서는 놀라운 향을 품고 있는 은매화를 제외한 나머지 식물들은 향기들을 가지고 있지 않다. 장미와 카네이션 그리고 다른 꽃들은 유럽에 비해 두 달 먼저 꽃이 핀다. 이미 언급한 바와 같이 향기의 품질에 있어 매우 중요한 것은, 한 해에 많은 비가 내리거나 건기가 얼마나 오랫동안 지속되었는가 하는 것뿐만 아니라 낙뢰, 바람, 일기 변화와 관련된 구체적인 특징들 중 어떤 요인들을 동반하였는가 하는 점이다. 정리하면, 산악지의 꽃들은 장미이든 카네이션이든 다른 종의 꽃이든 간에 냄새의 대부분을 잃어버린다.(『식물 연구』 제6권, 8, 5-6)

테오프라스토스는 『식물현상의 원인들』 제10권에서 일련의 방향성 물질을 소개하였다. 여기에는 계수나무, 계피나무, 카르다몸(Cardamomo), 라벤더(Nardo), 마론 또는 오레가노(마욜라), 발삼향, 아스팔라토스 꽃향(Aspalathos), 소합향(Storace), 아이리스, 적절하지는 않지만 나르테(Nártē), 코스토스(Kosto), 파나케아(Panacea), 사프란(Croco), 미르라 나무, 방동시니 꽃(Cyperus), 완초(Giunco) 스코이노스, 향기 나는 창포, 마요라나, 전동싸리(식물), 지중해의 약초인 아니스 식물이 포함되어 있었다(제9권, 7, 3). 그는 다른 저술에서 장미를 마케도니아의 필리피와 키레네 지방에서 가장 인기 있는 향료들(제6권, 6, 4-6), 즉 뱀들이 많이 서식하는 장소에서 자라는 계피나무(제9권, 6, 1-4), 그리스에서는 최상급의 송진이 순수한 형태가 아니라 혼합물질의 형태로 판매되는 유대지역의 발삼장미(제9권, 6, 1-4), 그리고 아이리스와 함께 언급했다(제1권, 7, 2; 제4권, 5, 2; 제6권 8, 3; 제7권, 13, 1-2; 제9권 7, 3-4; 제9권, 9, 2).

장미나 아이리스와 같은 지중해 지역의 식물들에 대한 정보는 비교적 쉽게 구할 수 있었다면 반대로 아라비아 반도의 남부지역들에서 자생하는 유향목 나무(Boswellia sacra), 미르라 식물(아프리카산 감람과 식물), 육계나무 그리고 계피나무에 대한 자료는 구하기 어려웠다. 이들이 아라비아와 인도와 같은 지역의 식물들이었기 때문이다. 테오프라스토스는 향과 미르라 향유에 대한 내용이 증명하듯이, 위의 네 가지 향료에 대한 정보를 기술하면서, 이들의 원산지에 갔었던 사람의 이야기를 참고하였다고 하였다. 관련 내용을 인용하면 다음과 같다.

> 아라비아 반도에서도 향, 향기로운 수지, 계피(계수나무)가 생산되었고 그 밖에 사바, 아드라미타(Saba Adramyta), 키티바이나(Kitibaina) 그리고 말랄리(Malali)에서는 육계나무도 생산되었다. 향과 수지 나무들은 일부는 산악 지역에서, 일부는 산악의 개인 농지에서 재배되었다. 미르라 나무(아프리카산 감람과 식물)는 재배되었지만 수지를 얻을 수 있는 나무들은 그렇지 않다. 산은 높고 나무들로 울창하였으며 눈으로 덮여 있었다. 이러한 산에서는 강들이 발원하여 평야를 향해 흘렀다. 향나무(Albero di incenso)는 별로 크지 않으며 높이는 대략 5쿠바토이고 가지가 많이 달렸으며,• 잎사귀는 비록 조금 작고 색은 헨루다••처럼 짙은 녹색이지만 배나무의 잎을 연상시킨다. 획일적으로 매끄러운 껍질을 가진 종이 있는데, 바로 월계수이다. 향나무는 이보다 작고 덤불의 형태이며, 사람의 허벅지보다 조금 굵으며 알부투스 안드라쿠네 식물(Andrachne)의 몸통처럼 매끄러운 몸통이 땅에 단단히 박혀 있다. 저자가 확실하게 밝혀지지 않은 다른 자료에서는 미르라 나무의 크기에 대해 대체적으로 일치하는 견해를 보인다. 두 종류의 향나무(Incenso, Mirra) 모두 크지 않지만, 미르라 나무가 가장 작고 키도 작다. 미르라 나무는

• 쿠바토는 높이를 측정하는 단위였다. 아테네의 중량체계에서는 대략 1/2미터에 해당한다.

•• 남유럽의 약초.

월계수와 마찬가지로 잎사귀가 있으며 껍질이 매끄럽다. 하지만 반대로 미르라 나무의 껍질은 매끄럽지 않지만 가시가 있고, 잎사귀는 비록 암연지참나무와 오크나무의 잎처럼 끝부분이 물결 모양이고 뾰족하지만 대체로 느릅나무의 잎사귀와 유사하다. 사람들이 대체로 증언하는 바에 의하면, 에로이 만[오늘날의 수에즈 만]에서 항해를 시작한 사람들이 물을 구하기 위해 산으로 가는 도중에 당시 선원들이 미르라 나무를 보았으며 향을 수확하는 것을 관찰하였다. 당시에는 두 향을 수확하는 두 가지 방법이 있었는데, 몸통과 줄기에 홈을 파서 수지가 아래로 흐르도록 하는 것이었다. 몸통에는 도끼를 이용해 홈을 만들었지만 줄기에는 비교적 얇게 상처를 냈다. 이렇게 해서 수지(송진)의 일부는 아래로 흘러내렸으며 또 일부는 나무에 점착되었다. 경우에 따라서는 나무 아래에 야자나무로 만든 용기를 놓아두었으며, 때에 따라서는 나무 아래의 땅을 깨끗하게 치워놓기만 하였다. 야자나무 용기에 모아진 향유는 순수하고 투명했던 반면 땅에 떨어진 향유는 그 투명도가 조금 덜하였다. 나무에 붙어 있는 향 수지는 쇠로 만든 도구로 떼어냈으며 경우에 따라서는 나무껍질이 함께 딸려오기도 하였다. 산 전체에는 사베이(Sabei)족이 살고 있었다. 이들은 일정한 구획의 땅을 소유한 자들로서 서로의 권리를 존중하였다. 따라서 이들은 자신의 땅을 지키기 위한 경비병을 필요로 하지 않았다.(『식

물 연구』 제9권, 4, 2-9)

테오프라스토스는 이 모든 정보를 불특정 증인들로부터 얻었다는 사실을 언급함으로써 자신이 두 나무를 결코 보지 못했다는 사실을 분명히 하였다. 특히 미르라 나무의 향기로운 수지(송진)에 대한 정보들의 경우, 테오프라스토스는 아라비아 반도를 방문하여 해당 식물을 목격한 사람들이 남긴 글을 인용하고 있다. 테오프라스토스가 가지고 있던 자료는 그가 직접 구하거나 다른 사람을 통해 얻은 것이었다. 그는 이러한 자료들을 식물학과 관련된 글을 위해 사용하였다.

『냄새에 대하여』에 소개된 향수 제조법

『식물현상의 원인들』은 현존하는 6권 외에도 지금은 존재하지 않는 다른 두 권을 포함하고 있었을 가능성이 매우 높다. 제7권은 기름과 포도주를 다루었을 것으로 추측되며 독자적인 연구서로 간주되었던 『냄새에 대하여』가 제8권의 일부였을 것이다. 이와는 별도로 『냄새에 대하여』는 그리스 문학, 더 넓게는 그리스 세계의 문학작품으로서는 처음으로 향료와 더불어 향기를 가진 기름과

가루, 그리고 포도주를 만드는 정확한 기술에 대해 서술하고 있다.

71개의 짧은 장(章)들로 구성된 목차는 다음과 같다.

1-3 전체 서론과 냄새의 분류

4 동물들의 냄새

5 맛과 냄새 간의 유사성과 차이점

6 식물의 냄새

7-13 기술을 이용해 추출한 냄새

14-20 방향성 에센스의 추출에 사용된 기름

21-26 방향성 물질

27-31 향수를 만드는 데 사용되는 식물의 부위

32-34 몇 가지 향신료의 효능

35-36 몇 가지 향기의 치유 기능

37-41 에센스의 구성과 조합

42-56 향수들의 효능

57-60 방향성 가루들과 방향성 물질의 제조

61-63 동물들의 특별한 냄새

64-68 후각과 다른 감각

69 제 57장 재인용

70-71 『냄새에 대하여』에서 언급되지 않은 내용들

테오프라스토스는 도입부와 말미의 장들에서 철학의 관점을 바탕으로 냄새에 대한 주제를 재언급해 이러한 주제들에 대한 데모크리토스의 침묵과, 플라톤, 특히 아리스토텔레스의 견해를 재인용하고 있다. 테오프라스토스에 따르면 냄새는 맛과 마찬가지로 혼합에 의해 결정된다. 이러한 과정을 통해 추출된 물질들은 냄새도 맛도 없으며 물과 공기 그리고 불처럼 순수할 뿐이다. 하지만 여러 요인들로 혼합된 흙은 특별한 냄새나 맛을 가진다.

테오프라스토스는 냄새에 대한 정확한 분류가 없는 것에 대해 불만을 토로하였다. 그는 냄새를 단순히 좋은 냄새와 나쁜 냄새로 구분한 플라톤의 이론을 배제하고, 아리스토텔레스의 보다 세밀한 분류를 받아들이면서 처음에는 냄새들을 단맛과 신맛의 일반적인 형태로 나눈 데 이어 이후에는 매운맛, 강한 맛, 약한 맛, 단맛 그리고 진한 맛으로 분류하였다. 그의 주장에 따르면 나쁜 냄새는 부패과정에서 생겨나지만 포도주의 발효에 있어서는 예외였다. 그는 연구 대상을 무생물, 식물 그리고 동물로 구분하면서 좋지 못한 냄새가 배설물에서 생겨나지만 나쁜 냄새가 없는 버섯은 이러한 원칙의 예외로 두었다.

냄새들은 대기를 통해 확산되는 것으로 추정되었다. 땅에 크게 의존하는 모든 것들은 나쁜 냄새를 발산하는 반면, 덜 영향을 받는 것들은 좋은 냄새를 가진다. 냄새를 감지하는 것과 관련해서 테오프라스토스는 아리스토텔레스의 견해를 수용하면서 사람이 느낄 수 없는 물질의 냄새를 동물이 감지하고, 사람이 좋아하는 냄새를 동물이 싫어하는 것에 대해 주목하면서 사람과 동물의 차이를 기술하였다. 비록 어떤 향기는 열매, 배와 사과와 같은 식품에 함유되어 있지만, 향기를 가진 물질들이 항상 좋은 냄새를 풍기는 것만은 아니었다. 오히려 미각적인 달콤함은 후각적으로 악취를 풍기거나 그 반대일 수 있다. 테오프라스토스에 따르면 대부분의 냄새는 식물, 특히 줄기, 잎사귀, 껍질, 과실과 수지에서 생겨난다. 그는 이들을 조사하기 위해 이미 『식물현상의 원인들』과 『식물 연구』에서 기술했던 식물학의 정보들을 활용하였다.

그는 이 주제를 첫 여섯 개의 장에서 소개한 데 이어, 기술적인 용어로 표현된 향수 제조법에 대해 설명하고 있다. 향수 제조법을 통해 만들어졌기 때문에 '인공 향수'로 정의된 모든 것들은 "구체적인 설계에 근거해" 제조되었다고 한다. 이것은 자연에 존재하지 않은 방향물질을 만들기 위한 계획이나 방법으로 "보다 개선되고 보다 기쁜 좋은 향기를 만들어내는 것"을 의미한다(『냄새에 대하여』, 7). 그 과정은 다음의 세 가지 조합에 근거한다.

습한 물질 + 습한 물질 = 향기로운 포도주

건조한 물질 + 건조한 물질 = 향이 좋은 가루

습한 물질 + 건조한 물질 = 향수

좋은 방향성 향수와 좋은 맛을 만들어내기 위해서는 어떤 물질들이 서로 잘 어울리는지를 고찰하여 재료들을 잘 혼합할 필요가 있었다. 재료들의 품질과 혼합 방식에 따라 향수 본연의 목적을 달성하기 위한 여러 기술이 동원되었다.

『냄새에 대하여』에서도, 테오프라스토스는 경우에 따라 질문과 답변을 예상하는 방식을 채택하였다. 그는 이 방식을 향기로운 포도주와 관련해 소개하였는데 내용은 아래와 같다.

어떤 에센스와 다른 방향성 물질들이 포도주의 달콤한 향기를 만드는지, 그리고 어떤 물질들이 이와 반대로 (요리된 것이든 그렇지 않은 것이든) 음식을 상하게 하는지 궁금하다. 원인은 향기가 자신의 효능에 따라 건조한 물질들의 고유한 냄새를 제거하고 동시에 쓴맛이든 신맛이든 자신의 영향을 더한다는 사실에서 찾아볼 수 있다. 실제로 향기를 발산하는 모든 물질은 다음과 같은 특징을 가지고 있다. 즉, 음식을 씹고 잘게 부수는 과정을 통해 입안에 오랫동안 머물면서 드러나게 되는 것이다. 그러나 향이 상당히 강하여 제거되지 않는 포도주의 경우 향기를 가진 물질은 이러한 영향을 받지 않는다. 이외에도 포도주의 향은 맛을 보는 순간에 오랫동안 머물지 않으며 짧은 시간 동안만 입안에 머문다. 따라서 포도주는 달콤한 맛으로 느껴질 뿐인 반면, 향 자체는 쓴맛이나 좋지 않은 냄새를 드러내지 않는다. 오히려 포도주의 경우 향기는 사실상 향 첨가물이 되어버린다. 어떤 향도 가지고 있지 않은 달콤한 포도주의 경우와 혼합되어 있는 두 성분이 하나의 향기를 발산하는 포도주들의 경우에는 향을 첨가할 필요가 있다. 실제로, 이미 언급한 바와 같이 포도주는 향기들을 흡수할 수 있는 하나의 물질이다.(『냄새에 대하여』, 10-11)

또한 철학자 테오프라스토스는 왜 꽃의 향기가 아이리스와 라벤더 그리고 향이 매우 강한 식물들에 비해 더 먼 거리에서도 느껴지는지를 자문하였다. 이에 대한 답은 모든 꽃들이 식물의 가장 높은 곳에서 향기를 발산하는 반면 아이리스와 라벤더는 몸통의 가장 낮은 부분, 즉 뿌리 부분에서 향기를 발산한다는 데 있었다. 꽃, 뿌리 그리고 수지(송진)는 향을 각기 다른 방식으로 발산한다. 실제로 향을 얻으려면 꽃은 가능한 온전한 상태로 수확하고, 뿌리는 그 반대로 잘게 잘라야 하며, 수지는 향과 미르라 나무와 마찬가지로 부드럽게 열을 가해야 했다(『냄새에 대하여』, 12-13).

또한 테오프라스토스는 제14장에서부터 향을 가두어 냄새를 유지하는 능력이 있는 다양한 오일의 성질을 소개하였다. 아몬드 오일(amygdálinon)이 상당히 걸쭉하다면 참깨(sēsáminon)와 올리브의 오일은 더욱 그렇다. 반면 이집트의 발라니테스(Balanites) 식물에서 추출한 오일은 야생 올리브 오일의 상태와 마찬가지로 덜 걸쭉하다. 오일의 선택과 관련해 테오프라스토스는 다음의 사실을 지적하였다.

- 오일은 신선해야 한다. 가능한 1년이 넘지 말아야 하는데, 이 기간을 넘기면 지나치게 걸쭉해진다. 올리브 오일과 아몬드 오일은 그 품질이 최고이다. 발라니테스 식물 오일도 이에 해당한다.
- 오일은 가능한 냄새가 없어야 한다. 최고품질은 야생 올리브 오일이다. 아몬드 오일은 자극적인 냄새를 가지고 있다.
- 발라니테스 식물 오일은 향 에센스와 잘 어울리고 다른 향보다 오래 지속되면서 냄새를 잘 유지한다. 그 외에도 아몬드 오일은 냄새를 잘 흡수하지 못하며 쉽게 신선도를 상실한다.(『냄새에 대하여』, 14-16)

테오프라스토스는 꽃에서 추출한 향기를 제외한 모든 향기가 건조하고, 따뜻하며, 수축제의 효과가 있고 자극적이라는 사실을 강조하였다. 아이리스, 몰약과 향 그리고 수지에서 추출한 향기들 모두 쓴맛을 가지고 있다. 이들은 수축제의 효과를 가지며 열을 발생시켰다.

물, 포도주 또는 오일을 기본재료로 사용할 경우 에센스를 추출하는 방법은 두 가지인데, 끓이는 것과 차갑게 불리는 것이다. 끓이는 과정에서 향신료는 물과 함께 용기에 담겨 불 위에 놓인 상태이다. 불은 약한 불이어야 하는데 불꽃이 방향물질과 접촉해 이들을 태우거나 변질시켜서는 안 되기 때문이다. 약한 불로 끓이는 향료는 어떤 것은 포도주에, 어떤 것은 물에 담가야 한다(『냄새에 대하여』, 22-23).

두 번째 방법은 차갑게 한 향신료를 오일에 넣어 불리는 것이다. 이는 특히, 건조한 향료와 아이리스의 뿌리와 줄기에 적용한다. 과정은 일련의 단계를 거치는데, 우선 향이 매우 강한 향료를 오일에 담근다. 그리고 마지막 단계에서 '인공적인' 향을 결정하게 될 물질을 첨가해야 한다. 테오프라스토스에 따르면, 오일을 담아두는 잔에 처음에는 1미나의 몰약을 넣고, 마지막 공정에서 육계나무 2드라크메(dracme)•를 첨가하면 육계나무의 향을 얻을 수 있었다(『냄새에 대하여』, 17). 차가운 상태로 오일에 담그는

• 코틸레(Cotile)는 액체와 고체의 측정단위로 활용되는 오일 용기이다. 아테네에서는 0.27리터에 해당한다. 1미나는 1/60달란트(대략 은 500g)에 해당하며 1드라크마는 6오볼리(oboli), 즉 은 4.36g에 해당한다.

것은 향료가 상당량의 오일을 흡수하기 때문에 비교적 비용이 많이 드는 방식이었다. 테오프라스토스에 따르면, 향수 제조업자는 향료에 오일이 과도하게 흡수되어 제품의 생산을 망치는 것을 방지할 목적으로 향료를 짧은 시간 동안만 담가둔다(『냄새에 대하여』, 23-24).

계속해서 테오프라스토스는 몇 가지 향료를 제조하는 데 사용된 재료를 열거하였다. 각 재료의 양을 언급하지 않아 진정한 의미의 제조법은 아니었다. 그럼에도 이러한 제조법은 처음으로 향수 제조업자의 상점을 떠나 문헌을 통해 소개된 것이기 때문에 상당한 흥미를 유발하였다. 특히 테오프라스토스는 아래의 표에서 보듯이, 제25장과 26장에서 몇 가지 향수의 제조과정을 기술하고 있다.

키프로스 (헨나 향수)	적포도주에 담근 카르다몸, 아스팔라투스	꽃은 신속하게 따서 압착하지 않으면 향을 상실한다.
로디논 (장미 향수)	소금을 섞은 적포도주에 담근 갈대, 완초, 아스팔라투스, 방향성 창포	꽃은 신속하게 따서 압착하지 않으면 향을 상실한다.
몰리논 (마르멜로 향수)	오일에 넣고 분쇄한 마르멜로 사과 열매	사과를 너무 오래 담가두면 향이 상실된다.

그는 향료가 꽃, 꽃잎, 줄기, 뿌리 그리고 수지에 집중되어 있다는 사실을 또다시 언급하면서 꽃에서 얻은 일련의 향을 열거하였다. 이 범주에는 장미에서 추출한 로디논 향, 오랑캐꽃에서 추출한 레우코이논 향, 나리꽃에서 추출한 소우시논 향, 칼라민타 꽃에서 추출한 씨심브리논(Sisýmbrinon), 백리향에서 추출한 헤르필리논, 헨나의 꽃에서 추출한 키프로스 향, 사프란에서 추출한 크로키논이 속했다. 그 밖에 꽃잎에서 추출한 향기에 대해서도 언급하였는데, 예를 들면 미르라 나무의 잎에서 얻은 미리논 향(Mýrrinon)과 미나리과 식물의 잎사귀에서 얻은 오이난티논(Oinánthinon)이다. 그리고 뿌리에서 추출한 향수로는 아이리스에서 얻은 이리논(Írinon), 라벤더에서 얻은 나르디논(Nárdinon), 마요라나/아마라코스(Amárakos)에서 얻은 아마라키논(Aamarákinon)이 있으며 열매에서 얻은 향수로는 마르멜로 사과에서 추출한 멜리논(Mêlinon), 은매화의 열매에서 추출한 미르티논(Mýrtinon), 월계수의 열매에서 추출한 다프니논(Dáphninon), 그리고 식물의 줄기를 담그는 방식으로 추출한 것으로 피이닉스(Phoínix)라는 명칭으로 불리는 (야자과의) 종려나무 향수가 있다(『냄새에 대하여』, 27-28).

테오프라스토스는 위에서 나열한 것과 같이 향수의 명칭을 향신료와 직접적으로 관련시키거나 재료가 되는 식물들이 재배된 토양에서 이름을 따기도 했고, 몇 가지 경우에는 향을 만들어낸 사람의 이름으로부터 기원하는 명칭을 지었다. 그중 대표적인 향수인 에레트리콘(Eretrikón)은 키클라데스 제도의 방동사니 꽃(Cyperus)에서 추출한 것이며, 아이깁티온(Aigýption)에는 육계나무와 미르라 나무의 향유를 포함해 많은 재료들이 사용되고 이집트에서 유래했을 것으로 추정된다. 또한 메갈레이온은 향수 제조업자인 메갈로(Megallo)에 의해 발명되었으며—비록 테오프라스토스가 언급하지는 않았지만—아테네에서 크게 유행하였다(『냄새에 대하여』, 28-29). 메갈레이온의 구성물질은 육계나무와 송진 스타크테(Staktê)를 포함한다. 테오프라스토스는 제조방식과 사용된 물질들에 대해 다음과 같이 기술하였다.

> 메갈레이온은 불에 태운 수지(또는 송진)와 발라노스 오일에서 얻는다. 여기에 카시아 계피, 육계나무 그리고 송진을 첨가한다. 메갈레이온이나 아이깁티온을 제조하는 것은 많은 재료를 사용할 뿐만 아니라 그 가격도 매우 비싼 만큼 상당히 복잡한 과정이다. 메갈레이온을 제조하는 방식은 열흘 밤낮 동안 오일을 끓인 후에, 오일이 최상의 형태로 향 물질을 흡수할 정도로 잘 익었다고 판단되면 송진과 다른 물질들을 첨가하는 식으로 진행된다.(『냄새에 대하여』, 30)

테오프라스토스는 향수 제조와 관련하여 크롬 색소(chrôma)와 앙쿠사(Anchusa) 속의 식물 뿌리에서 얻은 색소의 첨가를 단지 장식용 요인으로만 간주하였다. 두 색소는 아마라키논, 로디논, 메갈레이온 그리고 이리논뿐만 아니라 오래된 향기 모두에도 사용되었다. 반면 아이깁티온, 멜리논 그리고 키프로스와 같이 세련된 향기들에는 색소가 사용되지 않았다. 실제로 향수 제조업자들은 아이깁티온과 키프로스를 생산할 때 자연의 흰색을 선호하였으며 멜리논에는 사과의 색을 첨가하였다(『냄새에 대하여』, 31). 테오프라스토스는 『냄새에 대하여』 제32~34장에서 몇 가지 향신료의 치유 효과에 대해서도 언급하고 있다.

몇 가지 방향성 제품들 또한 치유 효과를 가지고 있었다. 메갈레이온은 수축제의 효과가 있으며 상처를 아물게 하는 물질, 예를 들어 불에 태운 송진, 계수나무, 육계나무 그리고 미르라 식물의 향유와 같은 물질들이 들어 있어 상처의 염증을 막는 데 효과가 있었다. 또한 로디논은 소금 성분을 가지고 있어 눈병 치료와 배뇨곤란을 해결하는 데 사용되었다. 그 외에도 로디논은 두통을 없애 활동과 노동에도 도움이 되었으며 기공을 여는 효과를 가지고 있었다. 이리논은 이뇨를 돕고 소화제로도 사용되었다. 반대로 아마라키논, 나르디논, 메갈레이온 그리고 일반적으로 오래된 향수, 특히 다프니논(Dáphninon)은 두통을 유발하였다(『냄새에 대하여』, 35-36; 47-51).

종류	성질
아모몬(Ámomon)	열을 내고 매운 맛이 있다.
아스팔라토스	수축제의 효과를 가진다.
향기 있는 홍초과	자극적이고 열을 낸다.
카르다몸	열을 내고 매운 맛이 있다.
계수나무	열을 내고, 신맛이 있고 수축제의 효과가 있다.
육계나무	열을 내고, 신맛이 있고 조금은 수축제의 효과가 있다.
방동사니 꽃	수축제의 효과가 있다.
코스토스(Kostos)	열을 내고, 신맛이 있고, 조금은 수축제의 효과를 가진다.
향기가 있는 갈대 (Schoínos)	자극적이고 열을 낸다.
아이리스	열을 내고 수축제의 효과가 있으며, 매운맛이 있고, 신선한 경우 화상을 입힐 수 있다.
발삼향의 나무	열을 내고 매운맛이 있지만 즙이 많지 않다.
미르라(Myrrha) 향유	수축제의 효과가 있고, 따뜻하고 자극적인 향이며 매운맛이 있다.
라벤더	자극적이고 열을 낸다.
마요라나 향 (Amarákinon)	열을 낸다.
발삼향의 즙	열을 내고 매운 맛이 있다.

테오프라스토스는 여러 차례에 걸쳐 향수 제조법의 몇 가지 비밀에 대해 설명하였다. 그는 마요라나 향(Maggiorana)의 아마라코스(Amárakos), 일명 아마라키논(Amarákinon)의 향수에 대해 설명하면서, 실제로 이 향수가 마요라나뿐만 아니라 많은 성분을 가지고 있다는 사실을 지적하였다. 명칭은 이 향수의 구성에 대한 암시를 의미하지 않는다(『냄새에 대하여』, 30). 그는 향신료에 대해 기술하면서 이들 중 아이리스, 마론(Mâron), 육계나무, 코스토스, 계수나무를 포함한 대부분이 보다 풍부한 향기를 가지기 위해서는, 냄새가 있는 갈대(스코이노스), 향기를 풍기는 창포와 그리고 수확과 동시에 향기를 발산하는 꽃들과는 달리 오랜 숙성기간을 필요로 한다고 하였다(『냄새에 대하여』, 34). 마른 재료들을 혼합하여 향 가루를 제조하는 것에 관해서는 다음과 같이 설명하였다.

> 향기가 있는 가루(Diapásmata)와 향기 요인들(Symthéseis)로 얻어지는 건조 물질의 혼합과 관련해, 다른 요인들을 섞는 것에 대해 언급하는 것은 중요하지 않다. 오히려 어떻게 향기를 더욱 좋게 개선하고 좋게 할 것인지와 달콤한 향의 향수를 구성하기 위해 보다 값비싼 물질들을 섞는지, 그리고 어떻게 사람들이 이 향기를 가장 많이 사용하게 할 수 있는가가 관심의 대상이다. 이러한 노력을 위해 향수 제조업자

들은 모든 물질들을 섞어볼 필요가 있다. 이 작업 중에는 하나의 물질에 의해 지배되는 향수를 만드는 것보다 모든 향기 요인들이 서로 조화를 이루는가에 대해 주의를 집중해야 한다.(『냄새에 대하여』, 57)

향수 제조법의 조합에 관련된 일반적인 규정은 매우 다양하였다. 테오프라스토스는 동일한 물질들을 섞고 혼합하더라도 같은 향기가 만들어지는 것은 아니라고 하였다. 이러한 변수는 계절, 향료의 수확 시기, 만들어진 향수와 오랜 기간의 숙성 기간을 필요로 하는 향신료의 보존이라는 세 가지 요인에 의해 결정되었다. 만약 첫 번째 요인이 기후변화로 인해 예상이 불가능한 것이라면 다른 두 요인은 향료를 언제 제조할지와 어떻게 향신료와 향기를 보존할 것인지를 결정하는 사람에 의해 좌우되었다(『냄새에 대하여』, 37-38). 향수들 중에서 아이깁티온, 이리논, 아마라키논, 나르디논, 송진인 스탁테 그리고 일반적으로 식물의 뿌리를 이용해 만들어진 모든 향수는 오랫동안 보존이 가능하였다. 반대로 상당히 섬세하고 쉽게 변질될 수 있는 꽃들로 만들어진 향수들은 그 보존 기간이 길지 않았다. 빛과 열이 향기를 변질시킬 수 있기 때문에 향수 제조업자들은 이들을 납이나 설화석고 향수병에 넣어 선선하고 그늘진 장소에 보존하였다(『냄새에 대하여』, 38-41).

소크라테스가 쓴 도덕적인 글을 배제한 채, 테오프라스토스는 처음으로 남자를 위한 향수와 여자를 위한 향수를 구분하였다. 남자들에게는 로디논, 키프로스와 나리꽃으로 만든 향수와 같이 가벼운 향의 향수가 좋다면 여자에게는 스탁테 수지, 메갈레이온, 아이깁티온, 아마라키논, 나르디논을 주요 재료로 해서 만든 것처럼 향이 강하고 넓게 퍼져나가는 향수가 적합하였다(『냄새에 대하여』, 42).

테오프라스토스는 향을 감지하지 못하게 하는 방식에 대해서도 기술하였다. 그의 설명에 따르면, 이러한 현상은 후각이 강한 느낌을 받아 잠시 혼동상태에 머물거나 지나치게 좋은 느낌에 빠져 있는 경우, 적게라도 다른 향을 받아들지 않는 것을 가리킨다(『냄새에 대하여』, 46). 향수 제조업자들도 다음과 같은 인위적인 방식으로 손님들이 냄새를 맡지 못하게 만들 수 있었다.

향수의 성질에 대한 조사에 따르면, 로디논의 사례는 상당히 특이하다. 실제로 가장 가볍고 약한 향이라 할지라도 한 사람이 이전에 뿌린 다른 향기들을 파괴하는 것이기 때문이다. 향수 제조업자들은 확신을 하지 못한 채 상품을 구입하지 않고 다른 향수 전문점에 가려는 고객들에게 이 향수를 시험 삼아 발라주었다고 한다. 매우 가볍고 후각에 좋은 느낌을 주는 로디논이 인체의 감각기관

[그림 5] 향수를 붓고 있는 여인, 로마의 파르네시나(Farnesina) 저택 프레스코 벽화(기원후 1세기)•

• 출처: G. Squllilace, *Il profumo nel mondo antico*, Firenze 2010, pp. xvi-xvii.

[그림 6] 향수의 향을 맡아보고 있는 여인, 폼페이의 저택(Casa dei Vettii) 프레스코 벽화(의 일부)(기원후 1세기)•

• 출처: G. Squllilace, *Il profumo nel mondo antico*, Firenze 2010, pp. xvi-xvii.

[그림 7] 아티카 향수 용기(레키토스Lékythos), 기원전 4세기 말•

• 출처: *I profumi di Afrodite e il segreto dell'olio*, 전시 카탈로그(2007년 3월 14일~9월 2일), 감수 M. R. Belgiorno, Roma-Reggio Calabria 2007, p.233.

들을 침투하여 감각 전체를 장악한 뒤 후각을 마비시켜 다른 향을 느끼지 못하게 하기 때문이다(『냄새에 대하여』, 45).

당시에 향수 제조업자들은 손목에 향수를 발라 즉각적으로 그 향을 느끼게 하는 방법을 사용하였다. 몇 가지 향수 제품들 중 어느 것은 하루가 지나 초기 향의 강도가 누그러졌을 때에 비로소 더 좋게 느껴질 수 있었다(『냄새에 대하여』, 53, 56). 마지막으로, 테오프라스토스는 『냄새에 대하여』(57-64)에서 방향성 가루와 향기가 있는 포도주 제조에 대해 이야기하면서 동물들의 냄새가 계절, 나이, 건강상태에 따라 변하는 것에 대해 기술하였다.

테오프라스토스의 자료

이미 언급한 바와 같이, 『냄새에 대하여』를 집필하기 위해 테오프라스토스는 때로는 데모크리토스, 플라톤 그리고 아리스토텔레스의 글을 직접적으로 인용하거나, 때로는 간접적으로 다른 저자들의 글을 참고하였다. 『식물 연구』와 『식물현상의 원인들』에서는 미나리과 식물과 관련해서 호메로스의 글을, 떡갈나무와 관련해서는 헤시오도스(Hēsíodos)의 작품을, 지중해의 여러 지역들에서 자라는 의료용 식물들과 관련해서는 아이스킬로스(Aischýlos)와 호메로스의 저술들을 참고하였다. 또한 그는 기원전 6~4세기를 살았던 메네스토레(Menéstor), 아낙사고라스, 아테네의 클리토데모(Clitodemo), 엠페도클레스 그리고 데모크리토스와 같은 철학자들의 이론을 참고하였다. 그는 시트론 나무와 노가주나무에 관해서는 사티로스(Satyros)를, 올리브, 쾡나무(Mirtillo) 그리고 석류나무에 대해서는 안드로티온(Androtion)을 인용하였다. 계속해서 테오프라스토스는 알렉산드로스의 아시아 원정에 참가했던 군인들의 이야기, 특히 마케도니아 출신의 장교였던 아나씨크라테스(Anassicrate)와 타쏘의 안드로스테네스(Androstene)에 대한 이야기를 활용하였다.

그럼에도 이 분야에 대한 조사는 기원전 347년부터 335년까지 아쏘(Asso), 미틸레네 그리고 마케도니아에서 연구를 수행했던 테오프라스토스에게 매우 중요한 비중을 차지하고 있었다. 그는 아리스토텔레스 그리고 검시적인 조사에 관심을 가지고 있던 소요학파의 논리를 따르면서 저서 『식물현상의 원인들』(제2권, 13, 5)에서 직접적인 관찰을 통해 지역과 장소에 대한 지식을 추구하려는 의도를 드러내었다. 실제로 그는 직접적인 자료 수집을 시도하였다. 예를 들어 그는 마케도니아의 주민들로부터 소나무에서 송진을 채집하는 절차에 대한 상세한 자료를 얻을 수 있었는데(『식물현상의 원인들』(제9권, 3, 1-3), 이는 연구 대상 식물들이 자라는 지역의 주민들과 나무꾼들은 물론 식물뿌리를 채집하는 자들과 아네테의 아고라에서 가게를 운영하고 있는 약품 판매인들로부터 수집한 것이었다. 『식물현상의 원인들』(제9권, 16, 8; 17, 1-4; 18, 4)에서 그는 아테네에서 여러 명의 식물뿌리 채집가(Rhizotómoi)와 만티네아의 트라시아(Trasia), 에우데모(Eudemo) 그리고 키코의 에우노모(Eunomo), 아리스토필로(Aristofilo)와 같은 약품 판매인들(Pharmakopôlai)을 만나 자문을 구했으며 이들 모두가 몇 가지 해독제의 기원과 직업의 비밀을 이야기해 주었다고 하였다.

그는 『냄새에 대하여』에서도 동일한 방법을 반복하였다. 때로는 일반적인 차원에서 자신의 자료를 인용하였으며 때로는 당시에 유지(油脂) 제조인(Myrepsol)과 유지 판매인(Myropôlai)으로 불리기도 했던 향수 제조업자의 이야기를 재인용하였다. 그는 이들의 이름을 언급하지 않았지만 식물뿌리 채집가와 약품 판매인의 경우와는 달리, 그들의 견해를 경우에 따라 비교하였던 만큼 여러 인물로부터 자문을 구했다. 예를 들어 향수에 사용되는 다양한 종류의 기름을 인용하면서, 올리브유가 가장 좋은 기름이기는 하지만 사람에 따라서는 쓴맛의 아몬드 기름도 사용했다는 기록을 남겼다. 그는 향기의 보존에 대해 말하면서 어떤 향수 제조업자들은 아이깁티온을 10년 넘게 그리고 이리논은 20년 동안 보존하는 데 성공하였다고 하였다(『냄새에 대하여』, 38). 로디논이 두통을 멈추게 하고 몸의 상태를 가볍게 하는 치유 효과를 가지고 있지만 키프로스 역시 유사한 효능을 가진다고 하였다(『냄새에 대하여』, 50).

향수를 얻기 위해 방향성 물질을 향기가 있는 포도주에 담그는 과정은 다음 두 가지 방법으로 진행되었다. 첫 번째는 포도주에 향신료를 담그는 것이며, 두 번째는 향신료를 우유, 꿀 그리고 포도주 또는 우유와 꿀에 적시는 것이었다(『냄새에 대하여』, 58). 당시에는 포도주 제조과정에서 향기를 첨가하기도 하는 반면 다른 사람들은 포도주를 마시기 전에 에센스를 조금 넣기도 하였다(『냄새에 대하여』, 67).

아테네에서는 향수가 널리 사용되고 있었으며 향수 제조업자들은 아고라에서 영업을 하고 있었다. 테오프라스토스는 최선을 다해 향수 제조기술에 관한 상당한 자료를 수집하였으며 이를 연구하여 『냄새에 대하여』의 저술에 이용하였다. 그가 이후에 식물뿌리 채집가와 약품 판매인들로부터 『식물현상의 원인들』과 『식물 연구』의 집필에 이용된 정보를 얻었다면, 아고라의 향수 제조업자들로부터는 직업상의 비밀과 비법을 들을 수 있었다. 만약 테오프라스토스가 식물뿌리 채집가나 약품 판매인, 유지 제조인 혹은 판매인이었다면, 향수 제조업자들이 경쟁을 고려하여 직업상의 중요한 비밀을 털어놓지 않았을 것이다. 하지만 저명한 학교에서 유명 지식인이 수행하는 연구였기에 향수 제조업자들은 의심을 품거나 주저하지 않고 테오프라스토스에게 가게 문을 개방했으며 직업상의 중요한 내용을 기꺼이 제공하였다.

8

왕들의 향수

기원전 323년, 알렉산드로스는 거대한 제국의 후계자를 지목하지 않은 채 바빌로니아에서 사망하였다. 사망 직후, 장군들은 분열되었다. 한쪽은 제국의 통일을 주장하였지만, 다른 한쪽은 제국의 분열을 지지하였던 것이다. 이러한 반목은 후계자들 간의 오랜 내전으로 이어졌다. 내전은 두 시기로 구분된다. 기원전 307~306년 안티고네(Antigono Monoftalmo)와 그의 아들 데메트리오스(Demetrio Piliorcete), 프톨레마이오스, 셀레우코스(Seleucos), 리시마코스(Lisimacos) 그리고 카산드로(Cassandro)는 스스로를 왕으로 선포하면서 알렉산드로스의 계승자를 자처하였다. 기원전 301년 리시마코스의 프리지아(Frigia)에서 벌어진 입소스(Ipsos) 전투에서 카산드로, 셀레우코스 그리고 프톨레마이오스는 안티고네와 데메트리오에 승리한 후에 헬레니즘 왕국들을 세웠는데, 이로써 세계적인 규모의 군주국을 꿈꾸었던 알렉산드로스의 계획은 영원히 좌절되

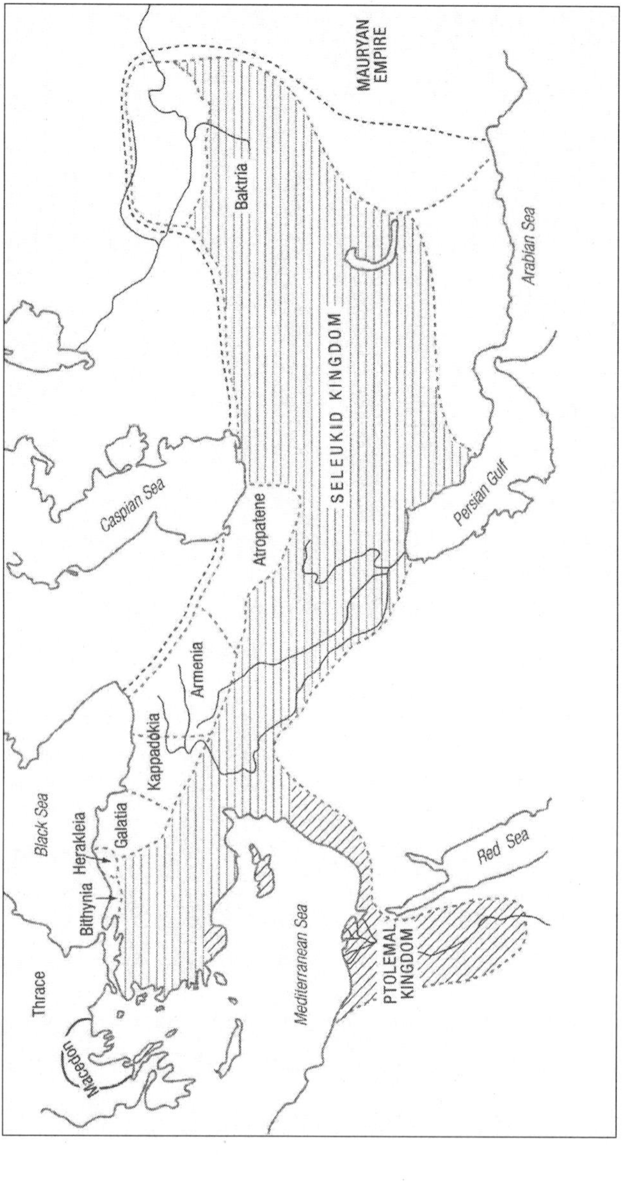

[그림 8] 기원전 272년 프톨레마이오스 왕국과 셀레우코스 왕국●

● 출처: Grainger, *Alexander the Great Failure. The Collapse of the Macedonian Empire*, London 2007, p. xiii.

었다. 승리자들은 제국을 분할하였고, 이렇게 해서 리시마코스는 트라키아에서 아나톨리아에 이르는 영토를, 셀레우코스는 메소포타미아에서 시리아에 이르는 지역을, 프톨레마이오스는 이집트와 첼레시리아(Celesiria)를, 카산드로는 마케도니아를 차지하였다.

향신료의 생산과 무역에 있어 새로운 군주국들 중 프톨레마이오스 왕국과 셀레오코스 왕국은 중요한 위치를 차지하였다. 프톨레마이오스 왕가가 발삼 향으로 유명한 유대 지역을 통치하면서 수지와 육계나무 같은 트로글로디티(현재의 소말리아)에서 생산된 향신료의 무역을 통제하고 자신들의 항구를 통해 아리비아의 여러 무역거점들에 쉽게 접근할 수 있었다. 다른 한편으로 셀주크 왕가는 향료가 풍부한 시리아를 통치하면서 인도와의 무역을 장악하고 있었다. 이러한 자료들에 근거할 때, 전통적으로 향료들의 소비와 무역이 두 왕조의 군주들 중 일부와 연관되어 있었다는 것은 우연이 아니었다.

이집트 프톨레마이오스 왕국의 향료와 향수

이집트의 프톨레마이오스 왕국은 왕국의 전성기를 이

끌었다. 프톨레마이오스 소테르 1세(기원전 306~287)와 그의 아들 프톨레마이오스 필라델포스 2세(기원전 287~246)의 후원 덕분에 알렉산드리아는 지중해의 최대 문화중심지로 성장하였다. 박물관과 거대한 도서관 건립, 군주들의 보호는 왕국의 수도를 철학자와 시인은 물론 수학과 지리학 그리고 의학 분야에 종사하는 지식인들에게까지 매우 우호적인 환경을 조성하였다.

향료에 대한 프톨레마이오스 왕가의 관심은 다양한 경로를 통해 확인되었다. 향료는 신들에게 제물을 바치는 종교의식과 관련해 좋은 오일을 만드는 재료로 탐험가, 왕가의 궁정에서 활동하던 시인과 의사들의 글 속에 자주 언급되었다.

프톨로마이오스 필라델포스(Filadelfo)의 위대한 여정

이러한 환경과 관련하여 가장 먼저 언급할 만한 인물은 기원전 2세기에 『알렉산드리아(Alesandria)』라는 제목의 저술을 남긴 역사가 칼리씨노(Callissino)이다. 그는 자신의 저서에서 이집트 왕국의 수도와 관련된 모든 자료를 수집하였으며, 아테네오스가 인용한 자신의 저서에서 종교행사에 대해 언급하고 있다. 이는 프톨레마이오스 필라델포스가 기원전 279~278년 부친인 프톨레마이오스 소테르와 모친인 베레니케를 기념하기 위해 개최한 프톨레마이오스 축제와 기원전 275~274년에 개최한 두 번째 프톨레마이오스 축제를 준비하면서 기획한 행사이다.

칼리씨노는 긴 서술을 통해 종교의식의 화려함에 대해 설명하였다. 이 행렬의 선두에는 새벽 별(Stella)로 불린 행렬이 있었으며 왕의 부모, 여러 신들, 악기 연주자들의 행렬이 그 뒤를 따랐다. 행렬은 다양하게 준비되었다. 디오니소스(Dionisos)의 행렬은 고대 그리스의 문학작품들에 등장하는 승리의 신들(Vittorie), 그리스 신화에 등장하는 신들인 사티리와 시레니, 사계절의 의상을 입은 사람들로 준비되었다. 그다음에는 180명이 끄는, 화려한 의상의 거대한 디오니소스 동상이 세워져 있는 크고 웅장한 마차가 뒤를 따랐다. 디오니소스 동상 앞에는 금으로 장식된 (주둥이가 넓고 술이나 물을 담는) 스파르타의 도기 항아리와 마찬가지로 금으로 칠해진 향로 하나와, 그 위에 계수나무와 사프란으로 가득 채워진 두 개의 잔이 놓여 있는 청동 삼각대가 위치하였다. 동상 위에는 금실로 장식된 비단 천이 있었고 역시 그 위에는 왕관, 리본 장식, 디오니소스의 지팡이, 팀파니, 베일 그리고 다양한 종류의 가면들이 놓여 있었다. 디오니소스 동상에 이어 마케도니아의 바카이(Bákchai), 바싸리디, 리디아의 바카이들의 행렬이 뒤를 따랐다. 그리고 계속해서 신을 양육한 요정들 중 하나인 니싸(Nisa) 동상이 있는 마차, 포도를 가득 실은 거대한 마차, 막대한 양의 포도주가 실린 마차가 행진하였다. 방향성 향수들은 이 행렬의 일부를 구성하였는데, 이에 대해 칼리씨노는 다음과 같이 설명하였다.

> 이어서 낙타가 끄는 여섯 개의 전차가 좌우에서 행진하고 노새가 끄는 군용 마차가 행신하였다. 이들은 야만스런 형태의 천막들을 갖추었는데, 그 속에는 인도 여성들과 다른 죄수 여인들이 앉아 있었다. 그리고 다른 낙타들이 행렬에 가담했는데, 이들 중 몇 마리는 수지 300미나,• 송진 300미나, 그리고 사프란, 계수나무, 육계나무, 아이리스 그리고 다른 향료 200미나를 운반하였다. 계속해서 에티오피아의 공물을 운반하는 자들이 그 뒤를 따랐는데, 이 공물들 중에는 코끼리 뿔 600개, 흑탄 2,000포대, 금과 은의 조각들과 금가루로 가득한 60개의 주둥이가 긴 항아리가 포함되었다.(627, fr. 2 Jacoby, in Ateneo, *I sofisti a banchetto*, V, 200f-201a)

이 행렬은 프톨레마이오스 필라델포스가 통치하는 이집트 왕국의 번영을 보여주는 것인데, 그 증거는 풍부한 장식, 동상들의 거대한 크기, 엄청나게 많은 참가자들, 동

• 고대 그리스, 이집트 등에서 사용되던 중량단위로서, 1미나는 0.5kg에 해당한다.

원된 도구들의 가치, 풍부한 금과 향료에서 찾아볼 수 있었다.

지리적 탐험

칼리씨노(Callissino)가 향료에 대해 기술한 내용은 종교와 관련되었고 종교적 축제를 위해 준비된 향료들이 디오니소스에게 헌정된 것이었다면, 다른 경우에 향료는 프톨레마이오스 왕가가 재정 지원과 도움을 아끼지 않았던 향료 생산지역 탐험과 관련이 있었다.

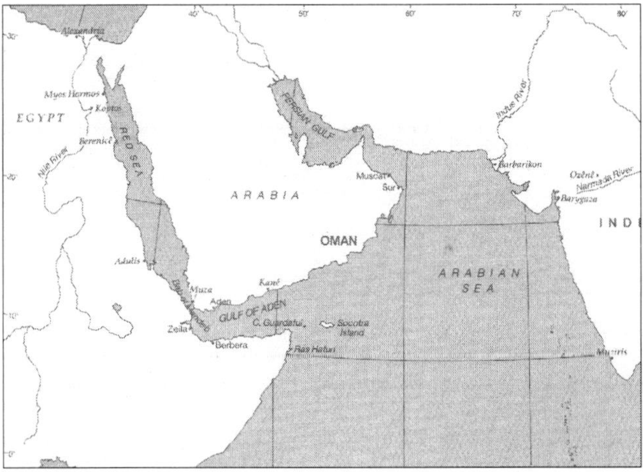

[그림 9] 향신료의 지역들: 아라비아 에우다이몬과 아라비아 반도•

• 출처: L. Casson, *The Periplus Maris Erythraei*, Priccepton 1989, p.44.

아가타르키데스는 헬레니즘 시대의 저명한 지리학자들 중 한 명으로 크니도스 섬에서 출생하였지만 프톨레마이오스 필로메토레 6세(기원전 180~145)와 프톨레마이오스 에베르제테 2세(기원전 145~116)의 통치 기간에는 알렉산드리아에 거주하였다. 아가타르키데스는 『홍해에 대해서(Sul Mar Rosso)』라는 지리서를 저술하였다. 이 저서는 현재 남아 있지 않다. 하지만 기원전 1세기와 기원후 1세기 사이에 활동하던 역사가 디오도로스 킬로스(『역사도서관(Biblioteca storica)』 제3권, 12~48)와 지리학자 스트라본(*Geografia*, XVI, 4, 5~20) 그리고 그 이후 시대에 콘스탄티노플의 총독이었던 포지오(Fozio, 기원후 9세기)의 『비블리오테카(Biblioteca)』 제1권과 제5권을 통해 그 일부가 알려져 있다(codice 250). 아가타르키데스는 자신의 글에서 아라비아에 대해서도 언급하였는데, 이와 관련해 그는 아라비아 지역의 지리적인 특징들과 이곳에 거주하는 종족들, 특히 향료 무역을 통해 부를 축적한 우간다와 수단 지역의 원주민인 세베이(Sebei) 사람들에 대해 상세하게 설명하였다. 실제로 세베이 사람들은 에우다이몬 아라비아(Eudaímōn Arabia)에 살았는데, 이곳은 가축들이 많은 지역이면서도 특히 발삼 향, 계수나무, 향나무, 수지, 종려나무, 향기로운 창포, 육계나무와 같은 향료들이 풍부하였다. 그는 이와 관련해 이곳을 방문한 사람들의 글이나 지역을 직접 탐험하여 얻은 일련의 자료들을 활용하였다. 아가타르키데스는 다음과 같이 기술하였다.

> 실제로 해안을 따라 항해하는 자들은 비록 육지에서 멀리 떨어져 있음에도 희미하게나마 향료의 향기를 느끼곤 한다. 즉, 여름철 육지에서 바람이 불어오면 향나무의 수지와 다른 유사한 나무들에서 풍기는 향기들이 바다 근처까지 전해온다. 실제로 이 지역에서는 오래되지 않은 신선한 에센스가 향기를 풍긴다. 이러한 신선한 향기들은 꽃들의 향을 가득 품고 있으며 코의 민감한 부분까지 전해온다. 바람은 강한 향기를 실어오고, 해안을 따라 오랫동안 항해하는 자들은 달콤하고 강렬하며 낯설지만 좋게 느껴지는 향들을 경험한다. 과실들은 잘려지지 않은 상태에서 자신의 향을 그대로 유지하고 있으며 그 향은 외부로 전해지지 않는다. 하지만 과실이 최상의 상태로 익었을 때 자연은 그 향기를 외부로 퍼뜨리면서 순수한 새싹을 움트게 하여, 이러한 향기들에 둘러싸인 사람은 신화 속의 맛을 경험한다고 확신한다. 과도한 향기는 그 자체의 고유하고 적절한 향으로 정의될 뿐이다.(Agatarchide, 『홍해에 대해서』, fr. 99b Burstein in Diodoro, *Biblioteca storica*, III, 46, 4-5)

아가타르키데스는 사치스러운 삶에서 드러나는 사베이

주민들의 재력, 도시의 안전, 이들의 무역활동에 대해 설명하면서 이미 헤로도토스와 테오프라스토스가 언급한 바 있는 전설을 인용하였는데, 이는 많은 희생자를 내는 독사들 때문에 향료의 수확이 매우 위험했다는 이야기다 (frr. 100b-101b; 102a; 103a; 104a; 105a Burstein).

아가타르키데스 이외에도 다른 인물들이 프톨레마이오스 왕가의 통치하에서, 그리고 다른 군주들의 지원을 받아 홍해와 이집트의 남쪽 지역을 탐험한 후에 기록을 남겼다. 대표적인 인물은 기원전 3세기 프톨레마이오스 필라델포스와 프톨레마이오스 에베르제테의 왕국 치하에서 살았던 사티로(Satiro)와 심미아(Simmia, 스트라본, *Geografia*, XVI 4, 5; 아가타르키데스, fr. 41a-b Burstein), 아가타르키데스와 동시대의 인물로 처음에는 이집트의 프톨레마이오스 8세 에베르제테 2세의 치하에서, 나중에는 클레오파트라 3세와 프톨레마이오스 9세 소테르 2세의 치하에서 살면서(기원전 116~81) 인도로 탐험여행을 하였던 에우독소스(Eudosso di Cizico)였다. 에우독소스의 이야기는 기원전 2~1세기 사이에 역사가이자 철학자인 포세이도니오스(Posidonio di Apamea)가 쓴 『대양에 대하여(Sull'oceano)』를 통해 전승되었다(87, fr. 28 Jacoby). 포세이도니오스에 따르면, 알렉산드리아의 프톨레마이오스 8세 에베르제테 2세의 궁정에 온 에우독소스는 나일 강변을 따라 탐험여행을 하였다. 하루는 왕궁의 호위대가 인도의 항해자를 포로로 잡았다. 이 항해자는 그리스어를 알고 있었기 때문에 인도에서 이집트로 여행한 것에 대해 이야기하면서 이집트 왕의 인도 원정을 안내하겠다고 자원하였다. 에우독소스는 이 원정에 참여하였으며 돌아오는 길에 많은 향료와 귀금속을 가져왔다.

아가타르키데스와 에우독소스 외에도 프톨레마이오스 필라델포스의 함대사령관이었으며 『홍해에 대해서』를 저술한 피타고라스(Pitagora; *Ateneo, I sofisti a banchetto*, IV, 183f)와, 프톨레마이오스 소테르와 프톨레마이오스 필라델포스의 왕국하에서 이집트 남쪽에 위치한 메로에(Meroe)까지 진출하였고 트로글로디티(Trogloditi)족의 언어로 토파친(Topazin)이라고 불렸던 홍해 근처의 섬을 방문했던 필론(Filone)이 있었다(fr. 670 Jacoby).

이집트와 향수

종교와 지리적 탐험이 프톨레마이오스 시대의 향료들과 관련한 배경적인 요인들이었다면, 제3의 요인은 세속적인 환경에서 향수가 개인의 화장품처럼 사용되기 시작한 것이었다. 이미 기원전 5세기와 4세기에 아테네의 희극 작품 시인들은 아이깁티온과 읍사그다스 혹은 사그다스와 같이 이집트에서 기원한 방향성 향수들과, 이집트 출신으로 당대에 아테네에서 활동하던 디니아(Dinia)라는 이름의 향수 제조업자에 대해 알고 있었다. 테오프라스토스가 재료들에 대한 상세한 설명과 더불어 아이깁티온에 대해 언급한 점을 고려할 때, 이 향수가 기원전 4세기와 3세기에도 사용되고 있었다는 사실을 알 수 있다.

헬레니즘 시대에 관련된 자료들은 향수를 이집트의 여왕들과 관련지었는데, 프톨레마이오스 12세의 막내딸인 아르시노에(Arsinoe), 베레니케, 베레니케 2세 그리고 프톨레마이오스 12세의 여자형제인 클레오파트라 7세가 그들이었다. 클레오파트라를 제외한 여왕들은 아폴로니우스(Apollonio Mys)와 이후의 장에서 언급한 바 있다. 클레오파트라 여왕은 기원전 48년에 율리우스 카이사르의 도움으로 왕위에 올랐지만, 로마의 독재자가 사망한 후에는 정치적으로나 감정적으로 옥타비아누스의 정적인 삼두정치의 안토니우스와 동맹을 맺었다. 기원전 31년 악티움 전투에서 패배하고 안토니우스가 죽자 여왕은 독사에 물리는 방식의 죽음을 선택하였다.

자료에 따르면, 클레오파트라는 향수의 애호가였으며 『화장품에 대하여(Sui cosmetici)』라는 책을 저술했다고 한다(코스메티콘Kosmētikón). 이에 대해서는 일화집 성격의 많은 글들이 남아 있다. 라틴 시인인 루카노(기원전 39~기원후 65년)의 글에 따르면 클레오파트라와 형제지간이자 남편이었으며 폼페이우스를 죽인 프톨레마이오스 13세에게 크게 분노한 카이사르의 적대감을 누그러뜨리기 위해 카이사르가 이집트에 도착하자, 연회를 베풀면서 금과 상아, 나무, 대리석 그리고 귀금속, 값비싼 천과 향료들로 장식된 궁정의 사치를 마음껏 과시하였다. 만찬 참석자들은 라벤더 꽃과 신선한 장미로 만든 화관을 제공받았으며 그들의 머리카락은 아라비아와 에티오피아에서 수입된 육계나무 오일과 이집트의 주변 지역에서 수입한 신선한 아모모(생강과 식물의) 오일로 향기를 발하였다(*Farsaglia*, X, 104-171). 클레오파트라는 기원전 41년 타르수스에 도착하여 안토니우스를 만났다. 플루타르코스에 따르면, 당시 여왕은 화려한 배를 타고 터키 남부지역을 향해 흐르는 시드노(Cidno) 강을 거슬러 올라갔다. 당시 여왕이 탄 배는 자주색 돛과 노를 젓는 자들의 힘으로 항해하면서, 많은 양의 향료가 타면서 생긴 향수의 흐름을 역행하였다. 이러한 일화는 당시의 사람들에게는 호기심을 불러일으키고 안토니우스의 관심을 끌기에 충분하였다(*Vita di Antonio*, 26).

셀레우코스 왕국의 향료와 향수

셀레우코스 왕조는 시리아에서 인도의 국경에 이르는 방대한 영토를 통치하면서 프톨레마이오스 왕가와 함께 자신들의 왕국 내(시리아, 아르메니아)에서뿐만 아니라, 인도와 같은 국경 밖의 지역들에서 생산된 향신료 무역도 장악하고 있었다. 대 플리니우스에 의하면, 셀레우코스 왕국의 번영과 유리한 지위는 향료 무역에 의한 것이었다. 셀레우코스 1세(기원전 358~280)는 인도로부터 아라비아로 아모뭄(amomum, 생강과 식물)과 라벤더 식물을 수입하려 했지만 실현되지는 않았다(『자연의 역사』 제16권, 135).

프톨레마이오스 왕가와 마찬가지로 셀레우코스 왕가 역시 향신료를 종교적이고 세속적인 용도로 사용하였다. 성소에는 향신료가 풍부하게 제공되었으며 헬레니즘 시대의 왕들이 그랬던 것처럼, 셀레우코스 왕가가 276년부터 168년까지 첼레시리아(Celesiria)의 소유권을 놓고 프톨레마이오스 왕가와 벌였던 전쟁에서 알 수 있듯이, 향신료들은 지속적으로 전쟁을 동반했던 정치적인 맥락에서 볼 때 왕가의 권력을 드러내는 효율적인 수단이었다. 기원전 288~287년의 한 자료에서는, 셀레우코스 왕이 밀레토스 근교에 위치한 아폴로(Apollo Didimeo) 성소의 성직

자들에게 보낸 서한이 인용되었다(5 Bradford Welles). 이 서신에서 왕은 신들을 위해 사원에서 보관하면서 헌주의 종교의식에서 사용할 금잔과 같은 봉헌물을 제공하고 자신의 사절을 통해 아폴로 신에게 바칠 1,000마리의 양과 12마리의 황소를 보냈다는 말을 하면서, 성소에 10달란트의 향, 1달란트의 미르라 향유, 2미나의 계수나무, 육계나무 그리고 코스토스와 같은 다른 물품들을 선물하였다고 한다.

셀레우코스가 향료를 신들을 위해 제물로 바쳤던 반면, 그의 후계자들은 세속적인 차원에서도 향료를 활용하였다. 이와 관련해 기원전 175년부터 164년까지 왕으로 있었던 안티오코스 4세의 사례가 가장 유명하다. 폴리비우스(Polibio, 기원전 2세기)의 글을 참고할 때, 아테네오스는 이에 대한 상당히 부정적인 글을 남겼다. 그에 따르면 왕은 수공인들의 상점에서 천한 자들과 함께 술을 마시면서 시간을 보내거나 젊은이들과 만찬을 즐겼다. 때로는 평범한 옷을 입고 시민들과 악수를 하고 포옹을 하기도 했다. 왕은 시장을 관리하는 아고라노모스(Agoranomos)나 호적장부와 토지대장을 관리하는 데마르코(Demarco)의 직위에 출마하여 시민들로 하여금 자신을 뽑아줄 것을 요청하기도 하였다. 그 이외에도 안티오코스 4세는 주민들에게 금 조각과 같은 다양한 물품들을 나누어주기도 하였으며 자신이 신들을 위해 바치는 제물을 자랑하기도 하였다. 그의 과시적 성향은 아테네의 플리니우스(Polinio)가 말한 바와 같이 그가 향수를 과도하게 사용한 사실을 통해서도 잘 드러난다.

> 에피파네(Epifane)로도 불렸으며 후에는 에피마네(Epimane), 즉 미친놈을 의미하는 파초(Pazzo)의 별명으로도 불렸던 안티오코스는 자신의 용감함을 뽐내면서 일반시민들로 북적이는 공중목욕탕을 이용하였으며, 이곳으로 값이 매우 비싼 향수의 단지를 가져오게 하였다. 한번은 다른 사람이 안티오코스에게 다음과 같이 말하였다. "당신이 부럽습니다. 이 비싼 신의 오일로 항상 멋지게 자신을 가꾸니 말입니다." 안티오코스는 아무런 대답도 하지 않았지만 그다음 날 '수지의 눈물'로 불리는 향수를 커다란 항아리로 가지고 왔다. 그러자 다른 사람들이 그에게 다가와 온몸에 수지를 바르고 미끄러워 하면서 모두 바닥에 넘어졌다. 그러자 안티오코스와 주변 사람들은 크게 웃었다.(Polibio, *Storie*, XXVI, 1, 1-14 Büttner-Wobst, in Ateneo, *I sofisti a banchetto*, V, 193d-194c)

계속해서 아테네오스에 따르면, 안티오코스는 로마의 집정관 에밀리우스 파울루스(Emilio Paolo)가 기원전 166

년 마케도니아에서 자신이 아닌 다른 사람으로 바꿔 임용할 것을 계획한다는 사실을 알고 경쟁심을 발동시켜 시리아의 수도인 안티오키아의 다프네에서 벌어지는 축제를 준비하였다. 그는 모든 그리스인들을 초청하였다. 엄숙하고 화려한 행렬이 여러 지역에서 온 많은 기마대와 보병 군인들에 의해 개막되었다. 이들은 세련된 장식과 화려한 의상을 입었다. 이 행렬에는 여러 대의 마차와 서른여섯 마리의 코끼리가 동원되었다. 그리고 청년들, 황소들, 각지에서 온 대표들에 이어 금으로 칠해지거나 금으로 만든 의상을 입은 신들과 악마들과 영웅들의 동상이 그 뒤를 따랐다. 수많은 노예들도 동원되었다. 이들은 황금을 운반하였으며 200명의 여성들은 황금으로 만든 향수 항아리에서 향수를 뿌렸다. 축제는 30일간 계속되었으며 수많은 게임과 검투사들의 결투, 사냥 시합이 벌어졌다. 게임 장소에 모인 선수들에게는 열다섯 개의 금 항아리에 담긴 사프란 향수가 뿌려졌다. 다른 열다섯 개의 항아리는 육계나무와 라벤더 향수로 가득 채워졌다. 축제가 진행되는 동안 참가자들에게는 그리스 코로하 향수, 마요라나 향수 그리고 아이리스 향수가 제공되었다. 왕을 보필하는 감독관이 계획한 만찬 역시 상당히 풍성하였다. 안티오코스는 손님들이 무언극 배우들과 섞여 춤을 추고 광대들의 무언극에 참여하도록 하였다. 아테네오스에 따르면 이러한 화려한 축제는 이집트와 사원들로부터 제공받은 엄청난 재력 때문에 가능한 것이었다(Ateneo, 『연회의 소피스트들』 제5권, 194v-195f).

셀레우코스 왕조에서 안티오코스 4세만이 사치를 부린 것은 아니었다. 자료들에 따르면, 전임자의 행적에 못지않았던 다른 두 명의 군주가 있었다고 전해진다. 기원전 138년부터 129년까지 왕국을 통치했던 안티오코스 8세 에베르제테는 민중에게 화려한 만찬뿐만 아니라 수지와 향으로 장식된 화관을 선사하였다. 그의 후계자로 기원전 125년부터 96년까지 왕국을 통치한 안티오코스 8세 그리포스는 날짜는 정확하게 알려지지 않았지만 다프네에서 게임이 열리는 기간에 초대된 사람들에게 화관, 은으로 제작된 도자기, 그리고 낙타를 선물로 주었다. 아테네오스의 설명에 따르면, 왕들의 이러한 행위는 당시의 주민들이 목축으로 인한 풍족한 삶 덕분에 경제적인 부를 배경으로, 공중목욕탕과 신체를 단련하는 곳에서 상당히 귀한 향수들을 마음껏 소비하면서 음악이 동반된 만찬을 즐기는 데 익숙해 있었다는 증거이기도 하다(『연회의 소피스트들』 제5권, 210e-f).

알렉산드로스가 사망한 후, 헬레니즘 시대에 향료의 생산지 대부분을 장악하고 있던 프톨레마이오스 왕가와 셀레우코스 왕가는 향료무역을 통해 막대한 부를 축적할 수 있었다. 향료들은 종교적인 목적에서 지속적으로 소비되고 있었다. 또한, 향료와 귀중한 향은 화려한 행렬의 축제처럼 공식적인 차원에서뿐만 아니라 외향성을 노골적으로 드러내는 사적인 차원에서도 권력과 번영을 드러내는 수단이 되었다.

9

헬레니즘 시대의 향수 제조술

테오프라스토스의『냄새에 대하여』는 후대의 그리스 및 라틴 학자들에게 중요한 기준이었다. 대 플리니우스(기원후 1세기)는 그의 저술을 폭넓게 참고하여『자연의 역사』 제13권의 첫 26개 장(章)을 완성하였다. 또한 아테네오스(기원후 2세기와 3세기)도 테오프라스토스의 저술을 자신의『연회의 소피스트들』(674f-692e) 제15권에서 향수에 대해 기술하는 데 활용하였다. 기원전 3~1세기 사이에 향수를 주제로 작성된 저술들 역시 그의 작품을 참고한 것으로 추정되지만 현재로서는 극히 일부만이 남아 있을 뿐이다.

앞서 언급한 바와 같이, 헬레니즘 시대 위대한 군주들의 궁정은 자신들의 연구에 필요한 도움을 찾고 있던 수많은 지식인들에게 필요한 공간을 제공하였다. 기원전 3세기의 대표적인 인물로는 의사이자 자연주의자였던 아폴로도로스(Apollodoros)가 있는데, 아테네오스(『연회의 소피스트들』

제15권, 675e)는 이 인물을 「향수와 화관」이라는 제목의 글을 쓴 저자로 인용하였다. 아폴로도로스의 연구는 아테네오스에 의하면 테오프라스토스의 연구와 거의 유사한 것으로, 기원전 1세기 후반의 자연주의자였던 필로니데의 연구도 마찬가지였다. 아폴로도로스처럼 딜로니데스(Dilonide)도 「향수와 화관」을 저술하였는데, 아테네오스는 이 연구의 일부를 인용하였다. 디라키움의 필로니데(Filonide di Dyrrachium)는 포도주가 디오니소스에 의해 소개되었다는 내용이 담긴 서론에 이어, 화관들이 다음과 같은 효능을 통해 육체가 피곤해지는 것을 방지하는 효과를 가진다는 사실을 지적하였다.

> 따라서 월계수 화관 이외에도 은매화 화관, 변비를 일으키고 포도주 연기를 멀리해주는 저목(低木, 또는 관목) 또는 두통을 약화시키며 동시에 감각을 신선하게 유지시켜주는 꽃인 장미 화관이 만찬에 적합하다는 사실을 알아둘 필요가 있다. 반면 머리 신경을 흥분시키는 흰색 제비꽃(leukóïon) 화관, 망연자실을 야기하거나 머리가 무거워지는 증상을 일으키는 마요라나 향수(Amarákinon)는 피해야 한다.(Ateneo, 『연회의 소피스트들』 제15권, 675e)

기원전 1세기에 알렉산드리아에서 의사로 명성을 날리

던 에라시스트라토스(Erasistrato)의 가르침에 따라 이즈미르•에서 학교의 교장으로 있던 의사 이케시오(Icesio, 기원전 4~3세기)도 같은 사실을 주장한 바 있었다. 이케시오는 자신의 저서 『재료에 대하여(Sulla materia)』에서 만찬보다는 향수에 대해 설명하는 데 더 많은 지면을 사용하였다. 이케시오의 주장에 의하면 향수의 가장 중요한 효능은 향기로 소화를 촉진하고 만찬 참석자들의 정신을 맑게 하고 졸리지 않게 해주는 것이었다. 이러한 범주에는 장미를 주재료로 하는 로디논 향수, 은매화의 미르시논(Mýrsinon) 향수, 마르멜로 사과의 열매로 만든 멜리논(Mêlinon) 향수, 미나리과 식물 향의 오이난티온 향수, 마요라나 향수인 삼프소우치논(Sampsoúchinon) 또는 아마라키논 향수, 백리향의 헤르필리논(Herpýllinon) 향수, 사프란으로 만든 크로키논 향수, 스탁테 향수, 라벤더 향의 나르디논 향수, 호로파 식물(Foenum-graecum)로 만드는 텔리논(Têlinon)과 오랑캐꽃 향의 레우코이온 향수가 속하였다(Ateneo, 『연회의 소피스트들』 제15권, 689c-d).

아테네오스는 헬레니즘 시대에 향수에 관심을 가지고 있던 인물들 중 하나로 『향수에 대하여』를 쓴 로마인 의사 아폴로니우스(Apollonio Mys)를 지목하였다. 아폴로니우스는 기원전 1세기에 알렉산드리아의 저명한 의사인 칼체도니아의 헤로필로스(Erofilo, 기원전 4~3세기)의 학교에

• Smirne: 터키의 항구이며 옛 지명은 스미르나였다.

속했던 인물이다. 그는 자신의 글에서 향수의 지리적 배경에 대해 많은 설명을 제공하였으며, 특히 에센스를 생산하던 지역들과 관련해 다음과 같은 중요한 정보들을 제공하였다.

> 엘리스(Ēlis)와 키지코스(Kýzikos)에서 생산되는 아이리스 향수(Íris)의 품질은 최고이며 최상의 장미 향수(로디논)는 파셀리스(Phasēlis)외에도 나폴리와 카푸아에서 생산된다. 그리고 사프란 향수(Krókinon) 향수는 소아시아의 킬리키아(Cilicia)의 솔리스와 로도스(Rodos)에서 생산된다. 라벤더 향수(나르디논Nárdinon)는 타르수스(Tarsus)에서 제조된다. 최상의 미나리 꽃 향수(오이난테Oinánthē)는 사이프러스와 아드라미타(Adramitta)에서 생산된 것이며, 마요라나 향수(아마라키논Amarákinon)와 마르멜로 사과 향수는 코스(Kos)에서 생산된 것이 최상품이다. 지갑화 오일(키프리논 Kýprinon)의 경우 이집트에서 제조된 것이 가장 우수하며 둘째로는 사이프러스와 페니키아, 특히 시돈 지역에서 생산된 것이 좋다. 파나테나이콘(Panathēnaikón)은 아테네의 생산품이 최고이며 반면 이집트에서 생산된 것으로는 메토피온(Metṓpion)와 멘데시온(Mendḗsion)이 최고이다. 메토피오는 쓴맛의 아몬드 열매에서 짜낸 기름으로 만든다. 아폴로니오스에 의하면, 그럼에도 최고의 제품은 특정 지역에서 제조

된 향수가 아니라 누가 어떤 재료를 공급했는지, 그리고 향수 제조업자의 능력에 따라 달라진다고 한다. 예를 들어 에페소스는 메갈레이온과 같은 향수로 한때 유명하였지만 지금은 더 이상 그렇지 않다. 알렉산드리아의 향수들도 이 도시의 부와 아르시노에(Arsinoe)와 베레니케의 관심 덕분에 유명해졌다. 같은 이유로 키레네 도시도 메가스(Megas)의 딸 베레니케의 시대에 장미에서 추출한 최상의 향수를 생산하였다(로디논Rhódinon). 아드라미타에서 만든 미나리 꽃 향수(오이난티논Oinánthinon)는 한때 평범한 품질이었지만, 에우메네스의 부인, 스트라토니케 덕분에 이름이 알려지게 되었다. 얼마 전 시리아에서 공급된 모든 향수, 특히 그리스의 코로하 식물에서 추출한 향수는 최고 품질을 자랑하였지만 지금은 더 이상 그렇지 않다. 한때 페르가모에서는 한 향수 제조업자의 헌신 덕분에 사상 최초로 수지 향수가 생산되었지만 이 역시 지금은 더 이상 그렇지 못하다(리바노티논 미론 Libanṓtinon mýron). 좋은 향수는 사용기간이 지난 향수 위에 부으면 표면에 머문다. 이것은 좋은 꿀은 품질이 좋지 못한 꿀과 섞일 경우 바닥에 가라앉는 것과는 반대이다.(fr. 8 von Staden, in Ateneo, 『연회의 소피스트』, 제15권, 688e-689b)

아폴로니오스의 글은 향수의 지리적 배경을 이해하고 당대에 어떤 다양한 향수들이 사용되었는지, 그리고 향수 제조술이 어떤 발전과정을 거쳤는지, 그리고 헬레니즘 시대의 궁정들과 향 에센스가 어떤 생산 관계에 있었는지를 파악하는 데 매우 중요하다. 테오프라스토스는 이미 책 『냄새에 대하여』에서 어느 지역에서 어떤 향신료들이 생산되었는지를 설명하였으며 다양한 향수제품들을 구분하고 있다. 아폴로니오스가 수집한 정보들은 모두 새로운 것이며 당대와 그리고 역사적인 맥락에서 향수들의 긴밀한 관계를 보여주었다.

아테네오스가 자신의 저술에서 인용한 내용에 따르면, 헬레니즘 세계와 동시대의 왕국들은 서로 다양한 관계에 얽혀 있었다고 한다. 구체적인 예를 들어, 아폴로니오스는 프톨레마이오스 필라델포스의 부인인 아르시노에(Arsinoe, 기원전 316~270년), 프톨레마이오스 소테르의 부인 베레니케(기원전 340~275년)와 키레네 마가스(Cirene Magas) 왕의 딸 베레니케 2세의 이야기로 이집트에 대해, 그리고 카파도키아의 아리아라테스(Ariaráthēs) 4세의 딸로 결혼했지만 기원전 188년 에우메네스(Eumene 2세, 기원전 197~159년)에 의해 내쳐진 스트라토니케 왕비의 이야기로 페르가모 왕국에 대해 기술하고 있다.

거대한 영토의 군주국 주변에는 아테네와 에페소스와 같이 한때 강력하고 독립적인 도시들과 거대한 왕국들에 편입된 중심지들이 위치하고 있었다. 이것은 후에 대 플리니우스가 다시 논의하였으며 테오프라스토스의 연구와 비교할 때 전혀 새로운 요인에 해당하는 것으로, 향수제품의 성공과 품질이 왕권의 이해관계와 관련되어 있다는 향수의 새로운 지리적 배경을 가리키는 것이었다. 아폴로니우스는 항상 향료의 땅으로 간주되어 왔던 이집트가 희극 작품의 시인들과 테오프라스토스에 의해 이미 언급된 바 있는 '아이깁티온'뿐만 아니라 '메토피온(Metốpion)', '멘데시온(Mendêsion)' 그리고 키레네에서 생산된 '로디논'과 같은 새로운 향수들에 있어서도 중요한 지역으로 간주하였다. 이것은 나일 강변이 군주들의 관심과 이해관계 때문에 에티오피아 지역, 아라비아 반도, 인도로부터 상당량의 향료들이 유입되는 지역이라는 점을 확인시켜준다.

아폴로니우스는 몇 가지 향수에 대해 기술하고 이들을 구체적인 장소와 연결지은 후에 최상의 향료제품이 공급업자, 향료의 품질 그리고 향수 제조업자들의 제조능력에 따라 결정된다고 주장하였다. 이것은 에페소스와 같은 중심지들과 기원전 3세기에 베레니케, 아르시노에(Arsinoe) 그리고 베레니케 2세의 적극적인 관심하에서 최고의 전성기를 누렸던 이집트의 알렉산드리아가 왜 쇠퇴하였는지, 그리고 시리아에서 생산된 텔리논(Têlinon)이 왜 경쟁력을 상실하였는지를 설명하였다. 또한 이러한 사실은 고대 도시 아드라미타(Adramitta)와 같은 오이난티논(Oinánthinon)

의 생산지가 왜 새롭게 발전하였는지 알려주었고, 탁월한 제조능력을 가진 향수 제조업자와 관련해 비록 일시적이기는 하지만 페르가모에서 생산된 어떤 향기가 당대에 인기를 누린 이유 또한 밝혀주었다. 아폴로니우스가 분류한 향수의 지리적 분포는 아테네가 파나테나이콘(Panathēnaikón)으로 알려졌다는 사실과 서양의 그리스화를 통해 설명될 수 있지만 이제는 로마의 신흥권력에 편입된 주변 지역들, 예를 들면 나폴리와 카푸아의 상황을 포괄적으로 반영하였다.

아폴로니오스는 지식 영역을 향수 제조의 분야로 확대하였다. 예를 들면 기원전 5세기 아테네에서 향수 제조업자인 메갈로에 의해 만들어졌으며 테오프라스토스가 활동하던 기원전 4~3세기에도 계속해서 생산된 향수, '메갈레이온'의 제조법은 에페소스까지 알려졌는데, 처음에는 향수 제조의 영역에서 다양한 향수의 생산에 적용되었지만 나중에는 더 이상 사용하지 않게 되었다. 제품들은 분야별 경쟁력과 영토의 번영이나 몰락을 결정하던 정치적인 변화에 따라 그 성패가 좌우되었다. 향수의 세계, 즉 '단명의 세계'에서는 성공이 빨랐던 만큼 몰락 역시 그러하였다.

결론

향수 제조술의 발전은 다양한 저자들이 직간접적으로 증언한 역사적인 사건들, 그리고 향수 연구를 위해 자료의 활용이 빈번하였던 사회와 밀접한 관계를 가지고 있었다.

시간의 흐름과 병행하여 변화되는 환경에서 향수의 생산지역, 유명한 향신료의 수, 그리고 세기의 흐름을 타고 점증하는 방향성 제품들, 향수 생산 중심지들의 등장과 몰락, 특별한 향을 만들어내기 위한 제조법의 통용은 시대적 변천을 정의하는 몇 가지 요인에 해당한다.

만약 『일리아드』와 『오디세이』, 그리고 호메로스의 서사시들이 몇 가지의 방향성 물질에 대한 설명을 '인위적인' 제품들과 관련짓지 않으면서 주로 신화적인 맥락에서만 고려하였다면, 이와는 반대로 그리스의 서정시인들은 보다 사회적이고 역사적인 맥락에서 향수를 구체적으로 고찰하였다. 시의 성격을 구성하는 요인으로서, 그리고 대부분이 파편적으로만 향기를 언급하는 가운데, 아르킬로코스(Archilocos), 알케오, 사포, 아나크레온, 이포나테, 크세노파네스 그리고 세모니데스는 특별히 결혼식 피로연, 귀족 만찬 그리고 신에 대한 제사를 주관하던 종교적인 조직인 티아소스(Tiasos)와 향수를 관련짓고 있다. 이는 대부분의 토지를 장악하고 있던 기원전 7~6세기의 귀족계층과 기원전 6세기 독재자들의 궁정 모두가 외국산 향신료의 소비, 값비싼 향유의 소비를 누릴 수 있는 능력을 보유한 주체들이었기 때문에 가능했다.

지중해의 여러 지역들에서 상당히 보편적으로 확산되어 있던 미나리과 식물, 전동싸리(속) 식물 그리고 장미 이외에도, 여성시인인 사포는 먼 지역들에서 생산되었지만 이미 알려져 있었고 그의 시대에 소비되고 있던 향과 수지에 대해 언급했다. 특히 시인은 '브렌테이온(Bréntheion)', '바실레이온(Basíleion)'과 같은 향수에 대해 언급하였는데, 이들의 명칭은 이들이 이미 향수 제조기술을 통해 만들어진 향이라는 사실을 암시하였다. 이포나테와 세모니데스가 언급한 '바카리스(Bákkaris)' 역시 마찬가지 경우였다. 비록 이들 중 어느 것도 재료들이 구체적으로 알려지지 않았지만 그럼에도 '바실레이온(Basíleion)'의 명칭• 은 세련된 문화와 페르시아 제국에 정복되기 전 소아시아 그리스인들의 생활 스타일에 영향을 미치고 있던 리디아 왕국을 전제하였다. 물론 시인이자 철학자인 크세노파네스가 자신이 태어난 도시이자 이미 쇠락하고 있던 콜로

• 바실레이아(Basileía)는 '군주국'을, 바실레우스(Basileús)는 '황제'를 의미하였다

폰(Colophon)의 몰락을 한탄하면서 주변 세력들의 과도한 부와 사치를 부러운 마음으로 표현한 것은 결코 우연이 아니었다.

두 세기가 더 지나 근본적으로 환경이 변화하면서 새로운 자료들이 증가하였다. 새로운 환경의 중심에는 더 이상 소아시아의 그리스 도시들이 아니라 기원전 5~4세기 사이에 그리스 세계의 문화적이고 경제적인 중심지로 성장했던 아테네가 위치하였기 때문이다. 무역과 동맹세력들의 세금으로 부를 축적한 아테네에는 모든 종류의 상품들이 몰려들어 활발한 생산 활동이 이루어지고 있었으며 아고라의 시장 내에 상점을 가지고 있는 향수 제조업자들에 의해 제조된 값비싼 향수 에센스들이 하역되던 도시였다. 향료와 '인위적인' 향수들의 목록은 많은 경우에 있어 구체적인 생산지, 예를 들어 마케도니아, 쉬치아(스키타이인이 거주하던 지역) 그리고 특히 아라비아에 대한 정보를 동반한 새로운 요인들을 보여준다. 헤로도토스는 계수나무, 육계나무, 라다눔 향유 그리고 소합향을 인용하면서 향료 생산 지역들에 대한 상세한 정보를 제공하였다. 반면 비극과 희극작품의 시인들은 자신들의 시대에 유행하고 시장에서 쉽게 구할 수 있었던 향수보다는 '인위적인' 향의 목록을 폭넓게 제공하였다.

향수와 관련해 상당히 풍부한 자료를 제공한 인물은 테

오프라스토스였다. 그는 기원전 4~3세기에 개인적으로 자료를 수집했으며, 알렉산드로스의 아시아 원정에 참여했던 자들로부터 수집한 자료를 이용하여 식물학 연구 차원에서 향수 연구의 새로운 지평을 개척했다. 또한 향수 제조술의 비밀과 방법을 서술함으로써 이 분야의 모든 연구를 위한 기준이 되었다.

아폴로니오스, 필로니데 그리고 이케시오에 의해 헬레니즘 시대로 전승된 자료들은, 비록 부분적인 상태로만 현존하지만 소요학파의 철학자에 의해 수집되어 전달된 지식의 지평에 근본적인 변화를 초래하지는 않았다. 다만 아폴로니오스(Apollonio Mys)만이 아테네오스가 인용한 매우 중요한 저술을 통해 헬레니즘 시대의 군주국들과 향수 제품 생산의 밀접한 관계, 향수 생산중심지들의 성립과 몰락, 제조법의 전승, 새로운 향의 발명과 같은 역사적 차원의 새로운 요인들을 분명하게 지적하였다.

다음의 표는 향수 제조술이 어떻게 발전하였는지, 그리고 보다 다양한 종류의 '인위적인' 향수들이 시장에 계속해서 소개되었음을 보여준다.

향수 제조술의 발전

출처	시대	향수
서정시인들	기원전 7~6세기	바카리스(Bákkaris)
		바실레이온(Basíleion)
		브렌테이온(Bréntheion)
비극작품과 희극작품의 시인들	기원전 5~4세기	아이깁티온(Aigýption)
		아마라키논(Amarákinon)
		바카리스(Bákkaris)
		바실레이온 미론(Basíleion mýron)
		브렌테이온(Bréntheion)
		헤르필리온[미론, Herpýllion(mýron)]
		이리논 미론(Irinon mýron)
		킨나모니논 미론(Kinnamôninon mýron)
		메갈레이온(Megáleion)
		민닥스 바실리케(Míndax basilikê)
		나르디논 미론(Nárdinon mýron)
		퍼이니키논(Phoiníkinon)
		읍사그다스/사그다스(Pságdas/ságdas)
		로디논 미론(Rhódinon mýron)
		사르디아노스 코스모스(Sardianós kósmos)
		씨씸브리논[미론(Sisýmbrinon(mýron)]
		스탁테(Staktê)

출처	시대	향수
테오프라스토스	기원전 4~3세기	아이깁티온(Aigýption)
		아마라키논(Amarákinon)
		다프니논(Dáphninon)
		에레트리콘(Eretrikón)
		헤르필리논(Herpýllinon)
		이리논(Irinon)
		코스토스(Kóstos)
		크로키논(Krókinon)
		키프로스(Kýpros)
		레우코이논(Leukóïnon)
		메갈레이온(Megalleîon)
		멜리논(Mêlinon)
		미리논(Mýrrinon)
		미르티논(Mýrtinon)
		오이난티논(Oinánthinon)
		퍼이닉스(Phoínix)
		로디논(Rhódinon)
		씨씸브리논(Sisýmbrinon)
		수시논(Soúsinon)
		스탁테(Staktê)

출처	시대	향수
이즈미르 출신의 이케시오 (Icesio)	기원전 1세기	헤르필리논(Herpýllinon)
		크로키논(Krókinon)
		멜리논(Mêlinon)
		미르씨논(Mýrsinon)
		나르디논(Nárdinon)
		로디논(Rhódinon)
		삼프수키논(Sampsoúchinon)/아마라키논(amarákinon)
		스탁테(Staktê)
아폴로니우스(Apollonio Mys)	기원전 1세기	아마라키논(Amarákinon)
		이리스(Íris)
		크로니콘(Krókinon)
		키프리논(Kýprinon)
		리바노티논 미론(Libanôtinon mýron)
		메갈레이온(Megalleîon)
		멜리논(Mêlinon)
		멘데시온(Mendêsion)
		메토피온(Metôpion)
		나르디논(Nárdinon)
		오이난티논(Oinánthinon)
		파나테나이콘(Panathēnaikón)
		로디논(Rhódinon)
		텔리논(Têlinon)

'인위적인' 향수의 다양성이 최고조에 이른 것이 테오프라스토스의 시대라는 사실을 고려할 때, 그의 중요성은 상당히 크다고 평가된다. 이러한 사실은 다른 누구보다 대 플리니우스가 가장 잘 설명하고 있다(『자연의 역사』 제13권, 1-26). 그는 향수라는 주제에 있어 『향기에 대하여』에서 지적된 기술적인 정보의 대부분을 언급하였다. 즉, 그는 소요학파의 철학자가 수행한 연구 이후 향수 제조술의 모든 비밀이 명백하게 밝혀졌다는 사실을 간접적으로 보여준 셈이다.

연대기

기원전 900~800년	호메로스의 서사시
기원전 776년	올림픽의 시작
기원전 700~600년	그리스의 독재자들
기원전 594년	아테네, 솔론의 집정관(Arconte) 임명
기원전 546년	리디아 왕국이 페르시아의 왕 키루스에게 정복됨
기원전 490년	1차 페르시아 전쟁: 아테네가 마라톤에서 다리우스의 페르시아 군대 격파
기원전 480~479년	2차 페르시아 전쟁: 그리스가 살라미나와 플라테아에서 페르시아 격파
기원전 477년	델로스 동맹
기원전 431~405년	아테네와 스파르타 간에 펠로폰네소스 전쟁 발발. 에고스포타미(Aegospotami) 전투에서 스파르타 승리
기원전 399년	소크라테스 사망
기원전 387년	플라톤이 아테네에 아카데미를 설립함
기원전 377년	아테네에 의한 제2차 해군 동맹
기원전 360~336년	마케도니아 필립 2세

기원전 338년	필립 2세가 카이로네이아(Chaeronea) 전투에서 아테네와 테베의 연합군 격파
기원전 337년	필립의 코린트 동맹. 그리스는 필립 2세를 페르시아 원정의 사령관으로 선출
기원전 336~323년	알렉산드로스 왕국
기원전 335년	아리스토텔레스가 아테네에 학당 또는 소요학파를 설립
기원전 334~323년	알렉산드로스의 아시아 원정
기원전 323년	바빌로니아에서 알렉산드로스 사망. 후계자들 간의 내전 발발

참고문헌

번역서

ANACREONTE, *Anacreon*, a cura di B. Gentili, Roma 1958.

ARRIANO, *Anabasi di Alessandro*, a cura di F. Sisti, 2 voll., Milano 2001-04.

ATENEO, *I Deipnosofisti*, prima traduzione italiana commentata su progetto di L. Canfora, Roma 2001.

DIODORO SICULO, *Biblioteca storica (libri I-V)*, a cura di G. F. Gianotti, A. Corcella, I. Labriola, D. P. Orsi, Introduzione di L. Canfora, Palermo 1986.

ERACLITO, in *I presocratici*, a cura di G. Giannantoni, vol. I, Roma-Bari 1994.

ERODOTO, *Storie*, a cura di A. Izzo D'Accinni, Milano 1984.

OMERO, *Iliade*, a cura di R. Calzecchi Onesti, Torino 1950.

PLATONE, *Gorgia*, in *Platone, Tutte le opere*, a cura di E. V. Maltese, vol. III, Roma 1997.

ID., *Timeo,* a cura di G. Reale, Milano 2003.

PLUTARCO, *Vita di Alessandro, in Id.*, *Vite Parallele. Alessandro, Cesare*, a cura di D. Magnino, Milano 1987.

SAFFO, in *Lirici greci,* a cura di U. Albini, Milano 1976.

SEMONIDE DIAMORGO, in *I lirici greci,* a cura di F. M. Pontani, Torino 1969.

SENOFANE DI ELEA, in *I presocratici,* a cura di G.

Giannantoni, vol. I, Roma- Bari 1994.
SENOFONTE, *Simposio,* a cura di A. Giovanelli, Milano 2003.
TEOFRASTO, *Sugli odori*, in G. Squillace, *Il profumo nel mondo antico*, Firenze 2010.

전문연구서

일반서

AVANZINI A. (a cura di), *Profumi d'Arabia,* Atti del Convegno Internazionale, Pisa, 19-21 ottobre 1995, Roma 1997.
BODIOU L., FRÈRE D., MEHL V. (éds.), *Parfums et odeurs dans l'Antiquité*, Rennes 2008.
BODIOU L., MEHL V., *Odeurs antiques*, Paris 2011.
CARANNATE A., D'ACUNTO M. (a cura di), *I profumi nelle* società antiche. *Produzione, commercio, usi, valori simbolici*, Atti della giornata di studio, 6 giugno 2011, Napoli 2012.
CLASSEN C., HOWES D., SYNNOTT A. (eds.), *Aroma. The Cultural History of Smell*, London-New York 1994.
DONATO G., MONARDI BRANCA M.E., RALLO A. (a cura di), *Sostanze odorose nel mondo classico*, Venezia 1979.
FAURE P., *Parfums et aromates de l'Antiquité*, Paris 1987.
FRÈRE D., HUGOT L. (éds.), *Les huiles perfumées en Méditerranée occidentale et en Gaule (VIII*[e] *s. av.-VIII*[e] *s. apr. J.-C.)*, École Française, Rome, 16-18 novem-bre 2009, Rennes 2012.
GENDERS R., *Perfume through the Ages*, New York 1972.
MUNIER B., *Storia dei profumi. Dagli dèi dell'Olimpo al*

cyber-profumo, trad. it. Roma-Bari 2006.
PASZOTHORY E., *Salben, Schminken und Parfüme im Altertum*, Mainz 1992.
PENNESTRÌ S. (a cura di), *Aromatica. Profumi tra sacro, profano e magico*, To-rino 1995.
SAIKO M., Cura dabit facies. *Kosmetik im Altertum*, Bochum 2005.
SQUILLACE G., *Il profumo nel mondo antico*, Firenze 2010.
VERBANCK PIÉRARD A., MASSAR N., FRÈRE D. (éds.), *Parfums de l'Antiquité. La rose et l'encens en Méditerranée*, Catalogue de l'exposition, Mariemont 2008.

신에게 제물로 바쳐진 방향성 향료에 관한 참고서적

ATCHLEY E, G, C, F., *A History of the Use of Incense in Divine Worship*, London 1909.
BALLABRIGA A., *La nourriture des dieux et le parfum des déesses: à propos d'Ilia- de XIV 170-172*, in "Métis", XII, 1997, pp. 119-27.
BRUIT ZAIDMAN L., *Les parfums et l'encens dans les offrandes et les sacrifices*, in A. Verbanck Piérard, N. Massar, D. Frère (éds.), *Parfums de l'Antiquité. La rose et l'encens en Méditerranée*, Catalogue de l'exposition, Mariemont 2008, pp. 181-9.
DEONNA W., *Euodia: croyances antiques et modernes. L'odeur suave des dieux et des élus*, Torino 2003.
MÜLLER M. M., s.v. *Weihrauch*, in A. Pauly, G. Wissowa (Hrsgg.), *Realencyclo- pädie der Classischen*

Altertumswissenschaft, Supplementband XV, Stuttgart 1978, coll. 700-77.

PROST F., *L'odeur des dieux en Grèce ancienne*, in L. Bodiou, D. Frère, V. Mehl (éds.), *Parfums et odeurs dans l'Antiquité*, Rennes 2008, pp. 97-103.

향수에 관한 그리스 저술

BRIAND M., *Du banquet d'Éros au printemps des immortels. Parfums et senteurs dans la poésie mélique archaïque grecque*, in L. Bodiou, D. Frère, V. Mehl (éds.), *Parfums et odeurs dans l'Antiquité*, Rennes 2008, pp. 129-39.

BRIZZI M., *I profumi tra archeologia e fonti letterarie: il mondo romano*, in S. Pennestrì (a cura di), *Aromatica. Profumi tra sacro, profano e magico*, Torino 1995, pp. 31-57.

IRWIN E., *The Crocus and the Rose. A Study of the Interrelation between the Natural and the Divine World in Early Greek Poetry*, in D. E. Gerber (ed.), *Greek Poetry and Philosophy*, Studies in Honor of L. Woodbury, Chico 1984, pp. 147-68.

EAD., *Odysseus' 'Hyacinthine Hair' in Odyssey VI 231*, in "Phoenix", XLIV, 1990, pp. 205-18.

LILJA S., *The Treatment of Odours in the Poetry of Antiquity*, Helsinki 1972.

TOUZÉ R., *Les matières premières employées dans la confection des huiles, onguents et poudres parfumées en Grèce ancienne*, in L. Bodiou, D. Frère, V. Mehl (éds.), *Parfums et odeurs dans l'Antiquité*, Rennes 2008, pp. 45-59.

알렉산드로스, 헬레니즘 시대의 왕과 향수

ABEL F. M., *Alexandre le Grand en Syrie et en Palestine*, in "Revue Biblique", XLIII, 1934, pp. 529-45; XLIV, 1935, pp. 42-61.

ANSON A. E., *A Ptolemaic List of Aromata and Honey*, in "Transactions of the American Philological Association", CIII, 1972, pp. 161-6.

BOUNOURE G., *L'odeur du héros. Un thème ancien de la légende d'Alexandre*, in "Quaderni di storia", XVII, 1983, pp. 3-46.

BOWERSOCK G. W., *Perfumes and Power*, in A. Avanzini (a cura di), *Profumi d'Arabia*, Atti del Convegno Internazionale, Pisa, 19-21 ottobre 1995, Roma 1997, pp. 543-56.

GROTTANELLI C., *Da Myrrha alia mirra: Adonis e il profumo dei re siriani*, in AA.VV., *Adonis*, Relazioni del Colloquio in Roma, 22.-23 maggio 1981, Roma 1984, pp. 35-60.

ID., *Kingship and Perfumes: Antiochus IV and Alexander the Great*, in A. Avanzini (a cura di), *Profumi d'Arabia*, Atti del Convegno Internazionale, Pisa, 19-21 ottobre 1995, Roma 1997, pp. 503-14.

HÖGEMANN P., *Alexander der Grosse und Arabien*, München 1985.

KASHER A., *The Campaign of Alexander the Great in Palestine*, in "Beth Mikra", XX, 1975, pp. 187-208 (Hebrew).

RICE E. E., *The Grand Procession of Ptolemy Philadelphus*, Oxford 1983.

TARN W. W., *Ptolemy II and Arabia*, in "Journal of Egyptian Archaeology", xv, 1929, pp. 9-25.
THOMPSON D. J., *Philadelphus' Procession: Dynastic Power in a Mediterranean Context*, in L. Mooren (ed.), *Politics, Administration and Society in the Hel-lenistic and Roman World*, in "Studia Hellenistica", XXXVI, Louvain 2000, pp. 365-88.

냄새와 향료에 대한 철학자들의 저술

EASTWOOD B. S., *Galen on the Elements of Olfactory Sensation*, in "Rheinisches Museum", CXXIV, 1981, pp. 268-90.
JOHANSEN J, H., *Aristotle on the Sense of Smell*, in "Phronesis", XLI, I, 1996, pp. 1-19.
SASSI M. M., *Le teorie della percezione in Democrito*, Firenze 1978.
TONDO I., *A lume di naso. Per una storia antica dell'olfatto*, in "I quaderni del ramo d'oro", II, 2009, pp. 101-10 (online).

테오필라스토스와 『냄새에 대하여』

EIGLER U., WÖHRLE G. (Hrsgg.), *Theophrast De odoribus: Edition, Überset- zung, Kommentar*, Stuttgart 1993.
HORT A. (ed.), *Enquiry into Plants and Minor Works on Odours and Weather Signs*, 2 vols., London-Cambridge (MA) 1916; 1926, repr. London-Cam-bridge (MA) 1961.
SEDLEY D. N., *Three Notes on Theophrastus' Treatment of Tastes and Smells*, in W.W. Fortenbaugh, P. Huby, M. A. Long

(eds.), *Theophrastus of Eresus. On His Life and Work*, New Brunswick-London 1985, pp. 205-7..

SHARPLES R. W., *Theophrastus on Tastes and Smells*, in W. W. Fortenbaugh, P. Huby, M. A. Long (eds.), *Theophrastus of Eresus. On His Life and Work*, New Brunswick-London 1985, pp. 183-204.

SQUILLACE G., *I profumi nel 'De odoribus' di Teofrasto*, in A. Carannante, M. D'Acunto (a cura di), *I profumi nelle società antiche. Produzione, commercio, usi, valori simbolici*, Atti della giornata di studio, Napoli, 6 Giugno 2011, Napoli 2012, pp. 247-63.

ID., *Nella bottega del profumiere: Segreti e trucchi di mestiere nel 'De odoribus' di Teofrasto*, in D. Frère, L. Hugo (éds.), *Les huiles perfumées en Méditerranée occidentale et en Gaule (VIIIe s. av.- VIIIe s. apr. J.-C.)*, École Française, Rome, 16-18 novembre 2009, Rennes 2012, pp. 231-9.

TRIPODI B., *Il profumo di Teofrasto. Considerazioni intorno a Od. 42, in AA.VV., Corona Aurea*, Studii în onoarea Luciei Ţeposu Marinescu, Bucarest 2005, pp. 529-35.

WÖHRLE G., *The Structure and Function of Theophrastus' Treatise De Odoribus*, in W. W. Fortenbaugh, R. W. Sharples (eds.), *Theophrastean Studies. On Natural Science, Physics and Metaphysics, Ethics, Religion, and Rhetoric*, New Brunswick-London 1988, pp. 3-13.

향료 생산지에 대한 탐험 여행

AMIGUES S., *L'expédition d'Anaxicrate en Arabie occidentale*, in "Topoi. Orient- Occident", VI, 1996, pp. 671-7, ora anche in S. Amigues, Études de botanique antique, Paris 2002, pp. 57-62.

BURSTEIN S., *Agatharchides of Cnidus: On the Erythraean Sea*, London 1989.

CASSON L., *The Ancient Mariners. Mediterranean in Ancient Times*, New York 1959.

ID., *The Periplus Maris Erythraei*, Princeton 1989.

DIHLE A., *Umstrittene Daten. Untersuchungen zum Auftreten der Griechen am Roten Meer*, Köln-Opladen 1965.

HALLO W. W., *Trade and Traders in the Ancient Ncar East: Some New Perspectives*, in D. Charpin, F. Joannès (éds.), *La circulation des biens, des personnes et des idées dans le Proche-Orient ancien*, Actes de la XXXVIIIe Rencontre Assyriologique Internationale, Paris, 8-10 juillet 1991, Paris 1992, pp. 351-6.

THIEL J. H., *Eudoxus of Cyzicus: A Chapter in the History of the Sea-route to India and the Route Round the Cape in Ancient Times*, Groningen 1967.

ZAMBRINI A., *A proposito degli "Indika" di Arriano*, in "Annali della Scuola Normale Superiore di Pisa", XVII, 1987, pp. 139-54.

아라비아의 에우다이모니아와 향의 무역로

CASSON L., *The Greek and Latin Sources for the Southwestern Coast of Arabia*, in "Arabian Archaeology and Epigraphy", VI, 1995, pp. 214-21.

DE ROMANIS F., *Cassia, cinnamomo, ossidiana. Uomini e merci tra Oceano In- diano e Mediterraneo*. Roma 1996.

GRAS M., *Commercio e scambi tra Oriente e Occidente, in Magna Grecia e Orien- te Mediterraneo prima dell'età ellenistica*, Atti del XXXIX Convegno di Stu- di sulla Magna Grecia (Taranto 1999), Napoli 2000, pp. 125-64.

GROOM N., *Frankincense and Myrrh: A Study of the Arabian Incense Trade*, London-Beirut 1981.

ID., *Les parfums d'Arabie*, in C. Robin (éd.), *Yémen. Au Pays de la reine de Saba*, Paris 1997, pp. 70-5.

RODINSON M., *L'Arabie du Sud chez les auteurs classiques*, in J. Cheldod (éd.), *L'Arabie du Sud. Histoire et civilization*, Paris 1984, pp. 55-89.

VAN BEEK G. W., *Frankincense and Myrrh in Ancient South Arabia*, in "Journal of the American Oriental Society", LXXVIII, 1958, pp. 141-52.

시장

AMPOLO C. (a cura di), *Agorà greca e agorai di Sicilia*, Pisa 2009.

BRESSON A., *La cité marchande*, Bordeaux 2000.

CHANKOWSKI V., KARVONIS P. (éds.), *Tout vendre, tout acheter: structures et équipements des marchés antiques*, Bordeaux 2012.

LALLEMAND A., *Le marché aux parfums à Athènes à l'époque classique*, in A. Verbanck Piérard, N. Massar, D. Frère (éds.), *Parfums de l'Antiquité. La rose et l'encens en Méditerranée*,

Catalogue de l'exposition, Mariemont 2008, pp. 175-9.
WYCHERLEY R. E., *The Market of Athens: Topography and Monuments*, in "Greece and Rome", II, ser. 3-1, 1956, pp. 2-23.

색인

사포의 향수

개정판 1쇄 발행 2021년 2월 8일

지은이 주세페 스퀼라체
옮긴이 김정하
펴낸이 강수걸
편집장 권경옥
편집 박정은 윤은미 강나래 최예빈
디자인 권문경 조은비
펴낸곳 산지니
등록 2005년 2월 7일 제333-3370000251002005000001호
주소 부산시 해운대구 수영강변대로 140 BCC 613호
전화 051-504-7070 | 팩스 051-507-7543
홈페이지 www.sanzinibook.com
전자우편 sanzini@sanzinibook.com
블로그 http://sanzinibook.tistory.com

ISBN 978-89-6545-709-1 03920

* 책값은 뒤표지에 있습니다.
* 잘못 만들어진 책은 구입처에서 교환해드립니다.